beck'sche reihe

Von der maritimen Handelsmacht «Funan» und den Staatsbildungen des 6.–8. Jahrhunderts über die Periode des kambodschanischen Großreichs von Angkor, der französischen Kolonialherrschaft, der Terrorherrschaft der «Roten Khmer» bis zum aktuellen Stand heute spannt sich der Bogen dieser Geschichte Kambodschas.

Der Autor führt ein in die Kultur, Religion und Wirtschaft der Blütezeit der Khmer, die etwa vom 9. bis 15. Jahrhundert dauerte, und auch heute noch in zwiespältiger Weise im Bewußtsein der Bevölkerung verankert ist. Er zeigt, wie danach die Grundlagen für das moderne Kambodscha gelegt wurden: Die Übernahme des Theravada-Buddhismus und die Verlagerung der Machtzentren nach Süden. Und schließlich schildert er die zunehmende Abhängigkeit von Thailand und Vietnam sowie den Einfluß Frankreichs, der bis weit ins 20. Jahrhundert hinein andauerte.

Karl-Heinz Golzio hat Indologie, Vergleichende Religionswissenschaft und Orientalische Kunstgeschichte studiert. Er ist Lehrbeauftragter an den Indologischen Seminaren in Bonn und Würzburg. Zahlreiche Veröffentlichungen und Buchpublikationen.

Karl-Heinz Golzio

Geschichte Kambodschas

Verlag C.H.Beck

FÜR KAMALESWAR BHATTACHARYA

Originalausgabe

Gesamtherstellung: Druckerei C. H. Beck, Nördlingen
Umschlagentwurf: +malsy, Bremen
Umschlagbilder: Umschlagvorderseite: Apsaras-Relief am Angkor Wat – Foto: Paul Chesley/Getty Images; Rikscha-Fahrer mit chinesischem Coca-Cola Imitat – Foto: argus/Schwarzbach; Umschlagrückseite: Rückansicht des Angkor Wat – Foto: Karl-Heinz Golzio
Printed in Germany
ISBN 3 406 49435 8

www.beck.de

Inhalt

Vorwort

Die Geschichte des kleinen südostasiatischen Landes Kambodscha kennt Epochen großer Machtentfaltung und kultureller Blüte wie auch solcher tiefer Zerrissenheit und schlimmster Unterdrückung. Von diesen dürften demjenigen, den sonst nichts mit Kambodscha verbindet, wenigstens die Tempelstadt Angkor auf der einen Seite und die dreieinhalbjährige Schreckensherrschaft Pol Pots auf der anderen ein Begriff sein. In historischen Darstellungen wurden bisweilen nur bestimmte Epochen behandelt, so etwa in George Coedès' *Les États hindouisés d'Indochine et d'Indonésie* (Paris 1964), oder bei Gesamtdarstellungen der Schwerpunkt auf die neuere und moderne Zeit gelegt wie etwa im Werk von David Chandler, *A History of Cambodia* (2. Aufl. Boulder, Col. 1996).

Die etwa zweitausendjährige Geschichte dieses Landes wurde von Historikern in verschiedene Epochen unterteilt, wobei die grobe Periodisierung früherer Darstellungen in Vor-Angkor-Zeit (bis 9. Jahrhundert), Angkor-Zeit (9.–14. Jahrhundert), spätmittelalterliches und frühneuzeitliches Kambodscha (14.–18. Jahrhundert), Kambodscha zwischen Thailand und Vietnam (18.–19. Jahrhundert), Kolonialepoche (1863–1953) und modernes Kambodscha beibehalten werden kann. Bestimmte Vorstellungen, etwa die, daß in der Vor-Angkor-Zeit «Reiche» namens Funan und Zhenla existierten, sind so nicht mehr haltbar und bedürfen zumindest einer Modifizierung. Der für diesen Zeitraum festzustellende verstärkte Einfluß indischer Kultur, der sich auch in der Angkor-Zeit fortsetzt, hat zu einem Gelehrtenstreit geführt: Kann man – wie das früher der Fall war – von einer «Indisierung» Südostasiens im allgemeinen und Kambodschas im speziellen sprechen oder liegt nicht eher umgekehrt eine Indigenisierung, im vorliegenden Fall eine Khmerisierung, indischer Kulturgüter vor, insbesondere in bezug auf die hinduistische Religionswelt und den Buddhismus. Jede dieser Perspektiven hat eine gewisse Berechtigung. Einerseits ist Kambodscha – um die Worte Chandlers zu benutzen – genausowenig eine Kopie Indiens wie das mittelalterliche Paris eine Kopie des antiken Rom ist, andererseits ist die Übernahme indischer Kulturgüter nicht zu übersehen. Diese «Übernahme» darf aber nicht mit einem bloßen Nachahmen verwechselt werden, da auch hier eine Auswahl und zumindest in Teilbereichen eine Transformation stattfand. Daher pflegen Sozialwissenschaftler stärker den einheimischen Beitrag zu den Kulturleistungen zu betonen, doch ist die Wandlung einer Kultur ein langer und komplexer Vorgang, bei dem alle Faktoren gebührend berücksichtigt werden müssen. Was die Quellenlage für diesen Zeitraum betrifft, müssen wir uns, da eine eigene Geschichtsschreibung fehlt, auf Inschriften (in Sanskrit und Khmer) sowie chinesische Chroniken und Reiseberichte stützen.

Die Informationen sind für einige Epochen dichter, für andere hingegen eher als spärlich zu bezeichnen. So gibt es keinerlei schriftliche Quellen für den Zeitraum zwischen 804 und 880 (sieht man von einigen chinesischen Hinweisen ab), und der Versuch einer historischen Darstellung dieser Periode, in die immerhin die Gründung der Stadt Angkor (Aṅkor) fällt, ist besonders problematisch, da die Zuverlässigkeit späterer Quellen, die sich auf diese Phase beziehen, doch in vielerlei Hinsicht in Zweifel zu ziehen ist. Ebenso wie in der Vor-Angkor-Zeit besaß nicht jeder Herrscher die Kontrolle über das gesamte von Kambodschanern bewohnte Territorium. Manche waren in der Tat große Eroberer und hatten ihre Macht bis weit ins südliche Laos und nach Thailand hin ausgebreitet, andere wiederum hatten kaum über die Hauptstadt hinaus Einfluß. Doch ganz gleich, wieviel Macht ein Herrscher und die Elite hatten, überall – im Denken, in der Politik und in den sozialen Beziehungen – zeigte sich eine starke Hierarchisierung, die man beinahe durch die ganze kambodschanische Geschichte hindurch verfolgen kann. Diejenigen, die die Macht innehatten, hielten nicht nur sich selbst für bedeutender als die anderen, sondern wurden auch von nahezu allen übrigen als solche angesehen. Damit steht die scheinbare oder tatsächliche Unveränderlichkeit der Agrargesellschaft in direktem Zusammenhang. Bis zur neuesten Zeit gab es für den Lebensunterhalt kaum Alternativen zum Ackerbau, und irgendeine Verbesserung der sozialen Lage war für die meisten Kambodschaner kaum möglich, weil etwaige Versuche entweder in Bestrafung durch die Elite endeten oder zur Hungersnot führten. Umgekehrt waren die Privilegierten davon befreit, für ihre eigene Nahrung zu sorgen; dies war die Aufgabe der Beherrschten im Austausch für den von den Beamten gewährten Schutz.

Dieses Grundmuster scheint dafür zu sprechen, daß Kambodscha und seine Bevölkerung kaum Veränderungen erlebten und die Geschichte scheinbar statisch verlief. Doch nichts wäre falscher als eine solche Sichtweise, die ihr Hauptaugenmerk auf die Situation der bäuerlichen Bevölkerung richtet. Denn auch diese wurde in die verschiedenen Umbrüche der kambodschanischen Geschichte miteinbezogen, z.B. bei dem Wechsel von einem eher handelsorientierten «Funan» zum stärker agrarisch organisierten «Zhenla» und zum Angkorreich, bei dem ein Großteil der Bevölkerung mobilisiert wurde – ein Muster, das in gewisser Weise die «Roten Khmer» wieder aufgriffen, zum Teil in direktem Bezug auf die alte

Größe. Ein weiterer gravierender Wandel waren die Hinwendung nicht nur der Elite, sondern des gesamten Volkes, zum Theravāda-Buddhismus am Beginn des 14. Jahrhunderts sowie die anderthalb Jahrhunderte später erfolgende Verlagerung des Zentrums Kambodschas von Angkor nach Süden. Dabei stellt sich die Frage, ob der militärische und politische Druck der Thai tatsächlich dafür den Hauptgrund darstellte. Erst gegen Ende des 18. Jahrhunderts wurde Kambodscha aufgrund seiner geographischen Lage zusehends zum Spielball der regionalen Großmächte Thailand und Vietnam, wobei die Kambodschaner der letzteren wegen ihrer doch viel stärker von China geprägten Kultur viel feindseliger gegenüberstanden als den sich ebenfalls zum Theravāda-Buddhismus bekennenden Thais.

Jedenfalls sind wir für diese wie auch die nachfolgenden Epochen der kambodschanischen Geschichte erheblich umfassender über das unterrichtet, was man als «Ereignisgeschichte» bezeichnet, nicht zuletzt aufgrund der viel besseren Quellenlage. Weil die einheimischen schriftlichen Quellen vor dem 14. Jahrhundert ausschließlich aus Inschriften bestehen, die sich mit der Verteilung von Land und Vieh, den Rängen von Würdenträgern und Bediensteten und ihren Beziehungen untereinander sowie mit religiösen Stiftungen beschäftigen, vermitteln sie eher ein Abbild der Gesellschaft denn einer politischen Geschichte. Dennoch treten schon in der Vor-Angkor-Zeit immer wieder Herrscher als Akteure auf, über die wir einiges erfahren. Dies verstärkt sich in der Angkor-Zeit, für die wir aufgrund zahlreicherer Quellen ein relativ sicheres chronologisches Gerüst besitzen. Im Falle von «Funan», von dem keine eigenen Schriftquellen existieren, trifft exakt das Gegenteil zu, da die chinesische Geschichtsschreibung, auf die wir uns in erster Linie stützen müssen, ihr Hauptinteresse auf politische Ereignisse richtete, diese aber nur schlaglichtartig darstellen konnte, worunter die Zuverlässigkeit des Gesamtbildes leidet.

Die Namensform «Kambodscha» (*Kamboja*) geht auf Thai-Chroniken des 15. Jahrhunderts zurück und ist wohl eine Pāli-Form des angkorianischen *Kambuja* oder *Kambujadeśa*, was soviel wie «Nachkommen des Kambu» (eines mythischen Stammvaters der Khmer) bzw. «Land der Kambujas» bedeutet. Dem eingedeutschten «Kambodscha» entspricht ein französisches «Cambodge» und ein englisches «Cambodia». Die einheimische Landesbezeichnung «Kampuchea» (in Khmer) ist von der Sanskritform Kambuja abgeleitet, aber im westlichen Sprachgebrauch nicht so geläufig.

I. Einführung

Der Naturraum

Kambodscha als Teil des festländischen Südostasien gehört zu den tropischen Regionen. Der heutige Staat besteht hauptsächlich aus fruchtbaren Tiefebenen, in denen die Landwirtschaft durch die Monsunregen und hohen Temperaturen begünstigt wird; zudem profitiert diese von der jahreszeitlich bedingten Überflutung des Mekong, die durch den großen Überlaufsee Tonle Sap reguliert wird. Es handelt sich um ein flachreliefiertes Rumpfland, das mehr oder weniger von alluvialen Ablagerungen bedeckt ist, und sich nur wenige Meter über den Meeresspiegel erhebt. Im Norden ist das Tiefland durch das maximal 765 m hohe Dangrek-Gebirge (Daṅrèk) begrenzt, im Westen durch das sich bis zum Meer erstreckende Kardamom-Gebirge, das auf kambodschanischer Seite bis zu 1813 m aufsteigt und dann sehr steil zum zentralen Tiefland abfällt, und die Ausläufer der annamitischen Kordillere bilden schließlich im Osten eine Begrenzung.

Das Klima des Landes ist gewissermaßen eine Sonderform des südostasiatischen Monsuns, die sich aus der geographischen Lage des zentralen Tieflandes erklären läßt, das von drei Seiten durch Hochebenen umgeben wird. Wie auch andere Landschaften Südostasiens befindet es sich zum Teil nicht im Haupteinzugsgebiet der feuchten Monsunwinde und erhält daher vergleichsweise geringe Niederschlagsmengen. Die Abfolge der Jahreszeiten ist zum einen durch eine Trockenzeit mit hoher Sonneneinstrahlung (von November bis Mai) gekennzeichnet, wobei die Monate November bis Februar die kühlste Periode darstellt. In der zweiten Hälfte der Trockenzeit von März bis Mai nehmen die Temperaturen ständig zu und lassen bei glühender Hitze Halme auf den Reisfeldern verdorren und die Wasserläufe austrocknen. Die Regenzeit läßt die Luftfeuchtigkeit erheblich ansteigen. Das Niederschlagsmaximum fällt zumeist in die Monate August bis Oktober. Die mittlere Jahrestemperatur beträgt 27°, die Schwankungen bewegen sich lediglich innerhalb einer Größenordnung von 5°. In den Hochlandregionen sinkt hingegen die jährliche Durchschnittstemperatur auf 15°, während die Niederschlagsmenge erheblich höher liegt (so im Kardamom-Gebirge bei durchschnittlich 5000 mm im Gegensatz etwa zu Phnom Penh mit ca. 1260 mm).

Die natürlich Vegetation eines Großteils des Landes bildet der tropische Monsunwald. Besonders an den Hängen des Kardamom-Gebirges gedeiht üppiger, immergrüner Regenwald. Durch jahrhundertelange Brandrodungen entstanden aber auch weite Savannen- und Grasflächen. Infolge der heftigen Sommermonsunregen schwillt der Mekong alljährlich stark an. Seine Wassermenge wird daher im Oktober verdrei-, bisweilen sogar vervierfacht. Deshalb können seine gewaltigen Wassermengen nur langsam abfließen, das überschüssige Wasser staut sich im *Fluß Tonle Sap* und zwingt diesen, seine Laufrichtung zu ändern, so daß der *See Tonle Sap*, der in der Trockenzeit 3000 km^2 groß und zwei bis drei Meter tief ist, sich auf 25 000 km^2 ausdehnt und seinen Pegel auf bis zu 14 m erhöht. Dadurch werden unzählige Felder überflutet, und nur Baumwipfel sowie die Pfahlbauten der auf dem See und an den Flüssen lebenden Bauern und Fischer ragen aus der Wasserfläche heraus. Während der mehrere Monate andauernden Überschwemmung wird fruchtbarer Schlamm abgelagert, der überaus reichliche Ernten ermöglicht.

Das Siedlungsgebiet der Khmer erstreckte sich in historischer Zeit allerdings weit über diese natürlichen Barrieren hinaus. Im heutigen Kambodscha leben sie vor allem in der Überschwemmungsebene, so daß weite Teile des an sich schon dünn besiedelten Landes fast menschenleer bleiben. Die Khmer machen etwa 92 % der Gesamtbevölkerung aus, während ungefähr 5–7 % auf Vietnamesen und 2 % auf Chinesen entfallen, die jedoch häufig in einheimische Familien eingeheiratet haben, so daß ihre Nachkommen als Khmer gewertet werden. Bisweilen wird behauptet, die Hälfte der Einwohnerschaft der Hauptstadt bestehe aus diesen letzten beiden Gruppen, deren wirtschaftlicher Einfluß sehr groß ist. Die hauptsächlich muslimischen Cham haben einen Bevölkerungsanteil zwischen 4 und 5 %. Der Rest enfällt auf Wald- und Bergstämme, die eher in den Randgebieten des Landes siedeln.

Völker, Sprachen, Schriften

Die nachweislich frühesten Bewohner Südostasiens waren dunkelhäutige Australo-Melanesier, die ihren Lebensunterhalt vornehmlich durch Fischen und Jagen bestritten. Zwischen 3000 und 1000 v. Chr. drangen sogenannte Austronesier, auch als südliche Mongolide bezeichnete Bevölkerungsgruppen, in den südostasiatischen Raum ein und verdrängten weitestgehend die Australo-Melanesier, von denen aber bis auf den heutigen Tag einige kleinere Gruppen unter der Bezeichnung «Negritos» in Rückzugsgebieten leben. Die unter dem Begriff Proto-Malaien zusammengefaßten Neuankömmlinge waren Träger einer neolithischen Kultur, die viereckige, mit Tüllen versehene Breitäxte benutzten sowie Reisanbau und Rinderzucht betrieben.

Etwa ab 300 v. Chr. begann eine zweite größere Einwanderungswelle austronesischer Völker, die auch als Deutero-Malaien bezeichnet werden. Sie waren kulturell und technologisch fortgeschrittener als ihre Vorgänger und führten vor allem den Gebrauch von Bronze und Eisen in Südostasien ein. Der Reisanbau erfolgte in den Gebirgsregionen auf Brandrodungsflächen und in den fruchtbaren Ebenen auf bewässerten Arealen. Das letztere System brachte aber auch einen gewissen Grad an politischer Organisation mit sich. Diese Periode wird hauptsächlich durch die sogenannte Đong-s'o'n-Kultur (benannt nach einem Dorf in Vietnam) repräsentiert, die sich über ganz Südostasien ausbreitete.

Man kann nicht mit Sicherheit sagen, wann Kambodscha besiedelt wurde und welche Sprachen vor der Einführung der aus einem südindischen Alphabet abgeleiteten Schrift etwa im 3. Jahrhundert n. Chr. vorherrschten. Objekte, die in einer Höhle bei Laang Spean in Nordostkambodscha gefunden wurden, konnten mit Hilfe der Radiokarbon-Methode in den Zeitraum um 4200 v. Chr. datiert werden. Dies ist einer der frühesten gesicherten Hinweise auf die Besiedlung dieser Region. Grundsätzlich ist eine ähnliche Entwicklung wie im übrigen Südostasien anzunehmen. Um die Zeitenwende dürften die Bewohner Kambodschas Sprachen gesprochen haben, die mit dem heutigen Kambodschanisch oder Khmer verwandt sind, eine Annahme, die nicht zuletzt Inschriften in Alt-Khmer seit dem 7. Jahrhundert nahelegen.

Über das tägliche Leben der Einwohner in prähistorischer Zeit wissen wir wenig, aber vermutlich erbauten sie ihre Häuser hoch über dem Erdboden, zugänglich nur durch Leitern. Kleidung war nicht besonders wichtig, frühe chinesische Berichte bezeichnen die Bewohner als «nackt». Dennoch dürfte es in größeren dörflichen Gemeinschaften einen gewissen Grad politischer Organisation gegeben haben.

Die Erforschung der schriftlichen und archäologischen Quellen

Nach dem Religionswechsel der Khmer-Bevölkerung zum Theravāda-Buddhismus im 14. Jahrhundert und der damit verbundenen kulturellen Neuorientierung, die die Aufgabe der Sanskritsprache und ihres gesamten Hintergrundes zur Folge hatte, geriet die Zeit davor fast völlig in Vergessenheit oder lebte nur noch in legendenhaften Berichten über die angeblichen Erbauer Angkors. Durch die Errichtung des französischen Protektorats begannen sich dann aber europäische Wissenschaftler für die Denkmäler und schriftlichen Zeugnisse des alten Kambodscha zu interessieren. Die erste Arbeit stammt interessanterweise nicht von einem Franzosen, sondern von dem holländischen Indologen Hendrik Kern (1833–1917), der 1879 und 1880 erste Arbeiten über kambodschanische Inschriften veröffentlichte. Danach begann aber unter der Federführung französischer Wissenschaftler die systematische Erforschung der archäologischen Monumente und die Auswertung der epigraphischen Quellen sowie die Beschäftigung mit der Kunstgeschichte. Zur Rekonstruktion der älteren kambodschanischen Geschichte wurden auch chinesische Annalentexte und Reiseberichte herangezogen. Auch nach der Unabhängigkeit spielten französische Gelehrte noch eine bedeutende Rolle, aber der zunehmende Einfluß anglophoner Mächte in Südostasien seit den 60er Jahren des 20. Jahrhunderts machte sich auf dem Gebiet der Sprachen, Kultur und Historiographie bemerkbar.

II. Historische Horizonte (vor Angkor)

Das Problem der «Indisierung»

Es ist unbestreitbar, daß indische Kultureinflüsse seit der Zeitenwende verstärkt in Südostasien auftraten; vermutlich bestanden auch bereits in prähistorischer Zeit Kontakte mit Südindien und Bengalen, d.h. lange bevor Indien selbst «sanskritisiert» (damit wird der Prozeß der Durchdringung Indiens mit der klassischen Hochkultur bezeichnet, der nach der Kultursprache «Sanskrit» benannt ist) wurde. Dabei erhebt sich die Frage, wann und warum dies geschah. Festzuhalten ist, daß nicht alle Kulturgüter rezipiert wurden, sondern in diesem langen Prozeß auch eine Auswahl getroffen und manches modifiziert wurde. Die indischen Kultureinflüsse, von Völkerkundlern als «Große Tradition» bezeichnet, waren und sind nicht ausschließlich auf die Eliten und die höfische Kultur beschränkt, genauso wie die einheimische «Kleine Tradition» sich nicht nur auf das dörfliche Leben bezog. Der Einfluß der Sanskritkultur mit den religiösen Komponenten Hinduismus und Buddhismus ist auch im Dorfleben zu verspüren, ebenso wie umgekehrt Elemente der Volkskultur einschließlich der einheimischen Khmersprache und der Ahnenverehrung in der höfischen Kultur eine nicht zu unterschätzende Rolle spielten. David Chandler bemerkte, daß z.B. im 19. Jahrhundert kambodschanische Bauern immer noch unverwechselbare indische Kleidungsstücke trugen und sich vielfach eher wie Inder verhielten und nicht etwa wie

Vietnamesen, ihre nächsten Nachbarn: «Kambodschaner aßen zum Beispiel mit Löffeln und Fingern und trugen Waren auf ihren Köpfen; sie trugen eher Turbane als Strohhüte und zogen Gewänder den Hosen vor»[1].

Der indische Einfluß in Südostasien erfolgte weder auf dem Wege der Kolonisierung noch der militärischen Gewalt. Zudem geschah diese Ausbreitung beinahe ausschließlich auf dem Seeweg durch Bewohner des indischen Subkontinents, wie chinesische Quellen und z.T. auch frühe Inschriften aus dem insularen Südostasien bezeugen. So berichtet das *Funan zhi*, das sich auf das 3. Jahrhundert n. Chr. bezieht, daß in dem vom «Reich Funan» abhängigen Staat Dunsun (wahrscheinlich auf der malaiischen Halbinsel) fünfhundert Familien der *hu* aus Indien, zwei *fotu* (die Bedeutung dieser beiden Bezeichnungen ist nicht klar) und mehr als 1000 indische Brahmanen (*poluomen*) leben und die Bewohner von Dunsun ihren Lehren folgen und ihnen ihre Töchter zur Frau geben, weshalb viele der Brahmanen dort bleiben und sich dem Studium der heiligen Texte widmen. Die hohe Anzahl an Brahmanen mag überraschen, weil insbesondere für sie nach den religiösen Rechtsbüchern Indiens (*dharmaśāstra*) das Verbot der Seefahrt galt. I. W. Mabbett hat auf die Diskrepanz aufmerksam gemacht, daß indische Quellen von Glücksrittern und Händlern berichten, die nach Übersee gingen, während chinesische Berichte die aus Indien Gekommenen sehr oft als Brahmanen bezeichnen. Dieser scheinbare Widerspruch löst sich aber auf, wenn man berücksichtigt, daß in Südostasien Brahmanen (*brāhmaṇa*) und Adlige (*kṣatriya*) als zusammengehörend betrachtet werden und adlige Abenteurer durchaus auch als Sanskritgelehrte wirken konnten; zudem war die Grenze zwischen unternehmungslustigen Adligen und Kaufleuten wahrscheinlich nicht so scharf gezogen. Überdies scheint es fraglich, ob das Verbot der Seereise in den ersten nachchristlichen Jahrhunderten von den meisten wirklich strikt befolgt wurde. In einer Inschrift des ca. 400 n. Chr. regierenden Königs Mūlavarman aus Kutei in Ostborneo wird berichtet, er habe den dorthin gekommenen Brahmanen, die einen Opferpfosten (*yūpa*) errichteten, große Geschenke gemacht. Inder, die sich in Südostasien niederließen, bildeten aber keine eigene «Kolonie», sondern gingen in der einheimischen Bevölkerung auf, was nicht zuletzt auch in Legenden von der Ankunft eines Brahmanen, der eine einheimische Prinzessin heiratet, ihren Niederschlag fand. In ganz Südostasien entstanden in den ersten nachchristlichen Jahrhunderten mehr oder weniger große politische Einheiten, von denen eine der bedeutendsten das von den Chinesen als «Funan» bezeichnete Gebiet war, dessen Bevölkerung wohl mehrheitlich aus Khmer bestand.

Die große Handelsmacht zwischen Ost und West: «Funan»

Die Gründung eines Wirtschaftsimperiums: Legende und Geschichte

In verschiedenen chinesischen Quellen des 3.–7. Jahrhunderts n. Chr. wird von einem bedeutenden vereinten «Königreich Funan» berichtet, insbesondere werden einige seiner Herrscher und ihre Schicksale im Zusammenhang mit Gesandtschaften genannt. Dabei ist es bemerkenswert, daß das am Ende des 3. Jahrhunderts verfaßte *Sanguo ji* («Geschichte der Drei Reiche») nur von einer Gesandtschaft aus Funan im 3. Jahrhundert zu berichten weiß, während die im 6. und 7. Jahrhundert verfaßten Annalen der Südlichen Qi (*Nan Qi shu* des Xiao Zexian, um 530) und der Liang-Dynastie (*Liang shu*, zusammengestellt von Yao Silian, gest. 637) längere Abschnitte über das Funan des 3. Jahrhunderts enthalten. Diese doch eher verstreuten Informationen aus wohl nur bedingt als zuverlässig anzusehenden Schriftquellen bedürfen aber der

Kontrastierung mit den archäologischen Befunden des als «Funan» bezeichneten Territoriums, das das moderne Kambodscha, das Mekong-Delta, die Südwestküste Vietnams und Teile Thailands und des südlichen Laos umfaßt.

Von der legendären Gründung Funans berichten die chinesischen Gesandten Kang Tai und Zhu Ying, die das Land im 3. Jahrhundert besuchten, deren ursprünglicher Bericht aber nicht mehr erhalten, sondern nur aus späteren Zitaten tradiert ist. Nach der Überlieferung des *Liang shu* war der erste König von Funan ein Brahmane namens Huntian, der aus Indien oder von der Malaiischen Halbinsel oder den südlichen Inseln kam. Er träumte, daß er an ferner Küste einen Bogen finden werde, machte sich auf einem Kaufmannsschiff auf die Reise und gelangte dann schließlich nach Funan. Die dortige Königin Liuye griff ihn an, aber er besiegte und heiratete sie. Weil sie aber nackt war, fertigte Huntian ein Kleidungsstück für sie an und warf es ihr über den Kopf. Diese Gründungslegende des «indisierten» Funan, die in Variationen verschiedentlich anzutreffen ist, erscheint auch in einer Sanskrit-Inschrift aus dem im Süden Vietnams gelegenen «indisierten» Reich Campā (C. 96) vom 18. Februar 658. Hier ist der Protagonist Kauṇḍinya Nachkomme eines altindischen Brahmanengeschlechts, der die Tochter eines Schlangenkönigs (*nāga* heißt Schlange, kann aber auch nackt bedeuten) namens Somā heiratet und damit zum Ahnherr des Reiches wird. Auf Kauṇḍinya als Ahnherr wird aber auch schon in einer Inschrift aus Funan vom Anfang des 6. Jahrhunderts (K. 5) Bezug genommen, so daß man ihn mit dem Huntian der chinesischen Berichte gleichsetzen kann. Obgleich man dieser Legende kaum eine historische Wahrheit beimessen kann, wirft sie doch ein Licht auf das Selbstverständnis sowohl der Kambodschaner wie des Volkes von Campā. Beide leiten ihre Herkunft aus einer Verbindung zwischen «Kultur» und «Natur» her. Der Name «Funan» wird gewöhnlich von dem

Khmer-Wort *bnaṃ* oder *vnaṃ* (modern: *phnoṃ*), «Berg», abgeleitet, was plausibel, aber nicht gesichert ist. Als Zentrum des Landes bezeichneten die Chinesen die Stadt Temu, die nach dem *Liang shu* 500 Li (etwa 200 km) von der See entfernt lag. Coedès lokalisierte Temu in der Nähe des kleinen Hügels Bà Phnoṃ (11°19' N, 105°25' O) im südöstlichen Kambodscha östlich des Mekong. Dieser ist nämlich ungefähr 200 km von dem Handelszentrum Oc Eo entfernt, auf das als bedeutende archäologische Fundstätte noch eingegangen wird. Die Verbindung Oc Eos mit dem westlich des Mekong gelegenen Aṅkor Bórĕi (10°57' N, 104°59' O; manchmal mit dem in Inschriften genannten Naravaranagara gleichgesetzt) durch ein Kanalsystem und der archäologische Befund sprechen jedoch eher gegen Bà Phnoṃ[2]. Coedès wollte Temu mit dem Khmer-Wort **dalmāk* identifizieren, das seiner Deutung nach «Jäger» heißt, und dieses wiederum mit dem entsprechenden Sanskrit-Wort für Jäger (*vyādha*) gleichsetzen, aber *dalmāk* bedeutet allenfalls im erweiterten Sinne «Jäger». Die Identifizierung von Temu mit einer Stadt Vyādhapura ist eher unwahrscheinlich, da diese nur einmal in einer vorangkorischen Inschrift, der von Pràsàt Práḥ Tāt vom 10. Februar 656, genannt wird und vermutlich eher in der Nähe von Bantāy Prei Nokor nordöstlich von Bà Phnoṃ lag. Da aus der Zeit Funans nur drei oder vier Inschriften (wenn man die von Vò-cảnh mitrechnet) bekannt sind, ist man für die politische Geschichte doch sehr stark von den chinesischen Quellen abhängig, deren Angaben eher schlaglichtartige Informationen bieten. Nach dem *Nan Qi shu* hatte ein Nachfahre des Huntian/Kauṇḍinya die Staatsgeschäfte in die Hände des großen Generals Fan Man bzw. Fan Shiman gelegt. Dieser soll mit seinen Armeen die benachbarten Königreiche unterworfen und dann mit einer Flotte zehn weitere Reiche, darunter Qudukun, Jiuzhi und Tiansun, botmäßig gemacht, und damit sein Territorium auf fünf- oder sechstausend Li erweitert haben. Die Identifizierung dieser Gebiete ist kein einfaches Unterfangen, aber die See-Expedition legt nahe, daß sich diese politischen Einheiten im südlichen Thailand und auf der Malaiischen Halbinsel befanden. Zudem kommt eine solche Darstellung den chinesischen Vorstellungen von einem mächtigen «Reich Funan» entgegen, inwieweit sie jedoch erlaubt, darin dauerhafte Eroberungen zu sehen, bleibt offen. Möglicherweise ist Fan Shiman mit dem in der bereits erwähnten Sanskrit-Inschrift von Vò-cảnh genannten Herrscher Śrī Māra identisch. Die Paläographie verweist ins 3. Jahrhundert n. Chr., der Fundort liegt im südlichen Vietnam, d. h. im Gebiet des späteren Reiches Campā. Im Falle der Identität würde dies auch für den Einfluß Funans in dieser Region im 3. Jahrhundert n. Chr. sprechen. Es könnte sich aber bei Śrī Māra auch durchaus um einen lokalen Herrscher und eine lokale Dynastie handeln, obwohl der Hinweis auf eine dynastische Abfolge in der Inschrift an die mit Fan Shiman eröffnete Reihe der *fan*-Herrscher in den chinesischen Annalenwerken denken läßt. Herrscher mit der Bezeichnung «Fan» kennen die chinesischen Quellen indes auch aus dem Reich Linyi, das jedoch offensichtlich nördlich des späteren Campā lag, seit dem 3. Jahrhundert n. Chr. bis in das Jahr 526. Weil es sich aber um zwei voneinander verschiedene politische Einheiten handelt, ist die Frage legitim, ob die chinesische Bezeichnung «Fan» möglicherweise auf verwandte Ethnien hinweist und ein Klanname oder königlicher Titel ist. Die ethnische Zusammensetzung dieser «Reiche» ist indes keineswegs geklärt. Obwohl z. B. «Funan» als Vorläuferstaat der von den Chinesen unter der Bezeichnung «Zhenla» zusammengefaßten khmersprachigen Königtümer gilt, ist es keineswegs sicher, ob die Herrscher von Funan überhaupt eine Mon-Khmer-Sprache sprachen. Seine Vorläuferrolle ergibt sich jedoch aus der geographischen Lage, die ein wesentlicher Faktor für die kulturelle Ausstrahlung auf das spätere Kambodscha ist.

Zwischen Rom und China: Die Bedeutung «Funans» für den internationalen Handel

Die Nachfolger von Fan Shiman erlangten nach den chinesischen Quellen die Macht häufig auf gewaltsame Weise. So soll sein ältester Sohn Fan Jingsheng von Fan Zhan, dem Sohn von Fan Shimans älterer Schwester, ermordet worden sein. Dieser Fan Zhan, der nach dem *Sanguo ji* im Jahre 243 eine Gesandtschaft nach China schickte, wurde wiederum kurze Zeit danach von einem anderen Sohn Fan Shimans namens Fan Chang umgebracht, der zwischen 245 und 250 einem Mordanschlag des Generals Fan Xun zum Opfer fiel, eines Mannes, der dem Sohn von Fan Shimans Schwester gegenüber loyal war. Hinter dieser Folge von Thronkämpfen könnte sich die Tatsache verbergen, daß sich in Funan die Nachfolge üblicherweise vom Onkel auf den Sohn der Schwester vollzog und demzufolge die Erbfolge vom Vater auf den Sohn als eine Usurpation angesehen wurde. Fan Xun, der zwischen 245 und 250 die chinesische Gesandtschaft des Kang Tai und Zhu Ying empfing, regierte bis mindestens 287. Dies ergibt sich aus dem Bericht des *Jin shu* (kompiliert Anfang des 7. Jahrhunderts), nach dem er zwischen 268 und 287 eine Reihe weiterer Gesandtschaften nach China schickte. Die Zuverlässigkeit dieser Nachrichten wurde – wie bereits oben erwähnt – nicht als besonders hoch eingeschätzt, weil das große Teile dieses Zeitraums abdeckende *Sanguo ji* nur von einer Gesandtschaft im 3. Jahrhundert zu berichten weiß. Da die chinesischen Quellen bis zum 5. Jahrhundert eine Zäsur machen – das *Liang shu* und das *Jin shu* nennen lediglich für das Jahr 357 einen König Zhantan, der gezähmte Elefanten als Tribut nach China schickte –, scheint es geboten, auf die archäologischen Befunde einzugehen.

Der Bericht des Kang Tai und Zhu Ying vermittelt einige Impressionen von Funan und seinen Bewohnern:

«Dort gibt es befestigte Dörfer, Paläste und Wohnungen. Die Menschen sind sind alle häßlich und schwarz, ihr Haar ist kraus; sie tragen weder Kleider noch Schuhe. Ihr Wesen ist einfach und sie zeigen überhaupt keine Neigungen zum Diebstahl. Sie betreiben Landwirtschaft. Sie säen einmal im Jahr und ernten dreimal. Außerdem gravieren sie gerne Ornamente und meißeln auch gerne. Viele ihrer Speisegeräte sind aus Silber. Steuern werden in Gold, Silber, Perlen und Parfüm bezahlt. Es gibt Bücher und Aufbewahrungsorte für Archive und andere Dinge. Ihre Schriftzeichen erinnern an die der Hu [einem Volk Zentralasiens, das eine Schrift indischen Ursprungs benutzt]».[3]

Diese Beschreibung vermittelt zwar das Bild eines relativ wohlhabenden, aber nicht unbedingt sehr mächtigen Landes. Der archäologische Hauptfundort ist die ehemalige Hafenstadt Oc Eo, die von Louis Malleret in den 1940er Jahren ausgegraben wurde. Diese Ausgrabungen haben die Überreste bedeutender Bauwerke sowie Funde, die auf Beziehungen zu China, Indien und zur mediterranen Welt zwischen dem 2. und 6. Jahrhundert schließen lassen, zutage gefördert. Darunter befanden sich römische Münzen des Antoninus Pius aus dem Jahr 152 und solche des Marcus Aurelius, aber auch ein Schmuckstein mit einem eingravierten sāsānidischen Porträt; für die Beziehungen zu Indien besonders wichtig sind Ringe mit Sanskrit-Inschriften in der Brāhmī-Schrift, die Zeugnis für die Existenz einer Schule des Hīnayāna-Buddhismus bereits für das 2. Jahrhundert n. Chr. ablegen. In Phnoṃ Bà The wurde ein bronzener Buddhakopf im nordwestindischen Gandhāra-Stil gefunden, außerdem ein stehender Buddha aus Holz, angeblich im Stil der Gupta- oder Nachgupta-Epoche, sowie ein steinerner Buddhakopf aus Văt Roṃlŏk, der an den südindischen Amarāvatī-Stil erinnert. Aus einer späteren Phase läßt sich auch die Existenz hinduistischer Kulte belegen, worauf im Zusammenhang mit den Inschriften noch einzugehen ist. Die Ausdehnung von Oc Eo spricht dafür, daß dieser Hafen eine bedeutende Rolle im Handel zwischen Indien und China spielte und möglicherweise auch als Emporium für Transitgüter umd Umschlagplatz für Inlandgüter wie Elefanten, Elfenbein, Rhinozeroshörner, Federn, Gewürze wie Kardamon sowie Lacke und aromatische Hölzer diente. Das bereits erwähnte Kanalsystem, das sich weit ins Binnenland (bis zur funanesischen Hauptstadt Temu) erstreckte, zeigt auch die Ausdehnung seines Territoriums auf die landwirtschaftlich genutzten Gebiete bis hin zu den von Jägern und Sammlern bewohnten Regionen.

Es wurde schon hervorgehoben, daß die chinesischen Gesandtschaftsberichte mit umso größerer Vorsicht zu benutzen sind, je jünger ihre Kompilation ist. Das trifft insbesondere für die drei Herrscher zu, die für die Zeit vor dem Ende des 5. Jahrhunderts genannt werden. Der für das Jahr 357 erwähnte Tianzhu Zhantan ist demnach aus Indien (Tianzhu) gekommen, womit implizit auf eine weitere Welle der «Indisierung» hingewiesen wird, und dies wiederum auf der königlichen Ebene; aber während es keinem Zweifel unterliegt, daß es beständig Kontakte zwischen Indien und Funan durch Händler und buddhistische Mönche gegeben hat, läßt sich der Wahrheitsgehalt dieser Aussage schwer überprüfen. Vollends wie eine Dublette der Huntian/Kauṇḍinya-Geschichte wirkt die Information aus dem *Liang shu* über einen der Nachfolger des Zhantan namens Jiao Zhenru, «ursprünglich ein indischer Brahmane, dem eine übernatürliche Stimme auftrug, über Funan zu herrschen. Jiao Zhenru freute sich in seinem Herzen. Er erreichte im Süden Panpan. Als die Bevölkerung von Funan von ihm hörte, hießen ihn alle voller Freude willkommen, gingen zu ihm und erkoren ihn zu ihrem König. Er veränderte alle Gesetze, um sie mit den Bräuchen Indiens in Einklang zu bringen». Da einer seiner Nachfolger, Shilituobamo (vielleicht Śrī Indravarman oder Śreṣṭhavarman) Gesandtschaften an den Kaiser Liu Yilong (Wendi, reg. 424–453) von den Südlichen Song geschickt haben soll, müßte dieser Jiao Zhenru, der auch als Kauṇḍinya II. bezeichnet wird, zu Beginn des 5. Jahrhunderts gelebt haben. Vermutlich ist diese Kauṇḍinya-Geschichte älter als die Huntian/Kauṇḍinya-Legende (die womöglich eine spätere Interpolation ist), aber darüber hinaus sprechen die archäologischen Befunde für einen schon weiter zurückreichenden indischen Einfluß. Zuverlässig scheinen immerhin die Nachrichten über den mehrfachen Gesandtenaustausch zwischen Shilituobamo und Kaiser Liu Yilong zu sein, da diese nicht nur im *Liang shu* erwähnt werden, sondern schon im *Song shu*, das von Shen Yue (441–513) kompiliert wurde.

Erst mit dem im *Nan Qi shu* als Jiao Zhenru (Kauṇḍinya) Sheyebamo bezeichneten König Jayavarman haben wir durch die Hinzuziehung der einheimischen Epigraphik die Möglichkeit einer Überprüfung von deren Angaben. Jayavarman entsandte nach diesen Annalen im Jahre 484 den aus Indien kommenden buddhistischen Mönch Nāgasena nach China, der unter anderen Geschenken zwei Elfenbeinstūpas mit sich führte, um den chinesischen Kaiser dazu zu bewegen, das Reich Linyi anzugreifen. Dieser Bitte wurde allerdings nicht entsprochen.

Dieselbe Quelle unterrichtet uns aber auch durch die chinesische Brille gesehen über die materielle Kultur von Funan:

«Die Leute von Funan sind heimtückisch und listig. Sie führen gewaltsam Bewohner benachbarter Städte, die ihnen keine Anerkennung zollen, weg und machen sie zu Sklaven. Als Handelsgüter haben sie Gold, Silber und Seide. Die Söhne der großen Familien machen sich selbst aus Brokat ihre Sarongs; die Frauen schmücken ihre Köpfe [durch einen Stoff, mit dem sie sich selbst kleiden]. Selbst die Armen tragen ein Stück Kleidung. Die Einwohner von Funan stellen Ringe und Armbänder aus Gold und Teller aus Silber her. Sie schlagen Bäume zum Bau ihrer Häuser. Der König lebt in einem Pavillon mit mehreren Stockwerken. Ihre Stadtmauern machen sie aus hölzernen Palisaden. Entlang der Küste wächst ein riesiger Bambus mit acht oder neun Fuß langen Blättern. Seine Blätter werden zur Abdekkung der Häuser benutzt. Die Leute wohnen auch in erhöhten Gebäuden.

Sie stellen Boote her, die acht oder neun *zhang* [entspricht etwa 3 Meter] lang sind. Diese haben eine Breite von sechs oder sieben Fuß. Der Bug und das Heck sind wie der Kopf und der Schwanz eines Fisches. Wenn der König reist, benutzt er einen Elefanten. Auch Frauen können Elefanten benutzen. Zum Vergnügen gibt es Hahnen- und Schweinekämpfe. Sie haben keine Gefängnisse. In Streitfällen werfen sie Goldringe und Eier in kochendes Wasser; diese müssen herausgenommen werden. Oder sie erhitzen eine Kette rotglühend; diese muß sieben Schritte lang in den Händen getragen werden. Die Hände des Schuldigen sind völlig verbrannt, die des Unschuldigen sind unverletzt. Oder der Angeklagte muß ins Wasser springen. Derjenige, der recht hat, versinkt nicht im Wasser, aber derjenige, der gefehlt hat, geht unter.»[4]

Im folgenden wird dann – ganz entgegen den am Anfang gemachten Aussagen – behauptet, die Bevölkerung habe einen guten Charakter. Abgesehen von solchen Stereotypen gibt der Bericht aber doch einige Einblicke in Sitten und Gebräuche des Landes, die uns die Inschriften fast völlig vorenthalten. Das *Liang shu* berichtet dann von weiteren Gesandtschaften des Jayavarman, von denen die erste in das Jahr 503, d.h. kurz nach Etablierung der Liang-Dynastie in Südchina, fällt, die zweite auf den 1. Oktober 514 datiert wird; an anderer Stelle des gleichen Werkes wird gesagt, Jayavarman sei im gleichen Jahr gestorben und der Sohn einer Konkubine namens Liutebamo (Rudravarman) habe den legitimen Thronerben ermordet und selbst den Thron bestiegen. Sowohl Rudravarman wie auch sein Vater Jayavarman werden in einer undatierten Sanskrit-Inschrift aus Văt Bàti im südlichen Kambodscha, die sich paläographisch dem 6. Jahrhundert zuordnen läßt, erwähnt. Der Inhalt ist buddhistisch und enthält keinerlei politische Informationen. Vielleicht handelt es sich bei dem legitimen Thronerben um den in einer anderen Inschrift des 6. Jahrhunderts aus Tháp Mu'ò'i in der Binsenebene («Plain of the Junks») in Cochinchina genannten Guṇavarman, der hier als jüngerer Sohn eines Königs Ja[yavarma] bezeichnet wird. Coedès schloß die Möglichkeit nicht aus, dieser Guṇavarman sei mütterlicherseits der Sohn von Kulaprabhāvatī, die in der ebenfalls dem 6. Jahrhundert zuzurechnenden Inschrift von Nāk Tà Daṃbaṅ Dèk (Provinz Tà Kèv) als Hauptgemahlin von Jayavarman und eigenständige Königin sowie als Stifterin eines Asketenhaines, eines Teiches und eines Wohnhauses auftritt, aber dies ist reine Spekulation[5]. Der religiöse Inhalt dieser Inschriften ist in beiden Fällen viṣṇuitisch: In der letztgenannten soll der Gott Viṣṇu die Königin beschützen, und in K. 5 tritt Guṇavarman als Stifter in einem Heiligtum namens Cakratīrtha, in dem sich ein Fußabdruck Viṣṇus befindet, auf.

Doch neben Buddhismus und Viṣṇuismus hatte offensichtlich auch der Kult des Gottes Śiva große Bedeutung; wie das *Nan Qi shu* im Zusammenhang mit dem buddhistischen Mönch Nāgasena berichtet, war es Brauch des Landes, den Gott Maheśvara (Śiva) zu verehren, der beständig vom Berg Modan in der Nähe der Hauptstadt herabsteigt. Es ist nicht auszuschließen, daß sich hier einheimische Bergkulte mit einer speziellen Form dieses Hindugottes, dem Śiva Giriśa (Śiva, der Bergbewohner), verbunden haben. Archäologische Belege hierfür sind die Funde von Viṣṇu-Statuen mit ihrer charakteristischen Kopfbedeckung sowie auch von Statuen des Harihara (einer Kombination von Śiva und Viṣṇu). Auch das *Liang shu* berichtet von der Anfertigung von Statuen: «Es ist ihr Brauch, Himmelsgeister zu verehren. Sie fertigen Bronzefiguren dieser Himmelsgeister an; diejenigen mit zwei Gesichtern haben vier Arme und diejenigen mit vier Gesichtern haben acht Arme. Jede Hand hält irgendetwas – manchmal ein Kind, manchmal einen Vogel oder einen Vierfüßler oder auch die Sonne oder den Mond.»[6]

Dieser Beschreibung folgen dann Berichte über Gesandtschaften des Jayavarman und des Rudravarman; letzterer regierte über einen längeren Zeitraum, seine letzte Tributgesandtschaft, zu der auch ein lebendes Nashorn gehörte, datiert vom 2. September 539. Eine Biographiensammlung bedeutender buddhistischer Mönche, das im Jahre 645 von Daoxuan (596–667) vollendete *Xugaosengzhuan*, berichtet von einem Gegenbesuch des chinesischen Gesandten Zhang Fan während der Regierungsdevise *datong* (535–546) des Liang-Kaisers Xiao Yan (Wudi, reg. 502–549), der den König von Funan ersuchte, Texte des Mahāyāna-Buddhismus zu sammeln und zu veranlassen, daß bedeutende buddhistische Lehrer mit dem Gesandten nach China reisten. Der König wählte den Inder Paramārtha (499–569) aus und gab ihm 240 Bündel buddhistischer Texte mit. Da laut dieser Quelle Paramārtha am 26. September 546 Nanhai (das moderne Kanton) erreichte, dürfte die Gesandtschaft des Zhang Fan um 545 in Funan eingetroffen sein; ob zu dieser Zeit immer noch Rudravarman regierte, ist nicht bekannt.

Verlagerung der Schwerpunkte

Obgleich dieser Herrscher der letzte namentlich genannte ist, soll Funan nach dem allerdings erst im 11. Jahrhundert verfaßten *Xin Tang shu* (Neue Geschichte der Tang-Dynastie) noch in der ersten Hälfte des 7. Jahrhunderts existiert haben, doch dann von Zhenla (einer Kollektivbezeichnung für Kambodscha) unterworfen worden sein: «Die Hauptstadt des Königs war Temu. Plötzlich wurde seine Stadt von Zhenla unterworfen und er mußte nach Süden in die Stadt Nafuna auswandern. Zur Zeit der Regierungsperioden *wude* [618–627] und *zhengguan* [627–650] kamen sie [die Leute von Funan] erneut an den [chinesischen] Hof»; an anderer Stelle behauptet die gleiche Quelle, zu Beginn der Periode *zhengguan* habe der König Īśāna, ein Kṣatriya (Adliger), Funan unterworfen und sein Territorium besetzt. Nun ist Īśānavarman sowohl aus dem im 7. Jahrhundert verfaßten *Sui shu* wie auch aus eigenen Inschriften für das nördliche Kambodscha wohlbezeugt, doch ist es zweifelhaft, daß er auch den Süden des Landes beherrschte. Wahrscheinlich liegt dieser Information die chinesische Vorstellung von sich einander ablösenden Reichen namens Funan und Zhenla zugrunde, wobei im *Xin Tang shu* beinahe selbstverständlich die Nachricht von der Unterwerfung Funans durch Zhenla mit der von einem Zhenla-König namens Īśāna miteinander kombiniert wird.

Nach der noch späteren Kompilation *Wenxian tongkao* des Ma Duanlin (ca. 1250–1320) soll bereits Īśānas Vater Citrasena Funan angegriffen haben. In einer Inschrift des 7. Jahrhunderts aus Kdĕi Aṅ in der südlichen Provinz Prei Vêṅ (vom 9. April 667) wird jedoch eine Familie aus Āḍhyapura aufgelistet, die über Generationen Königen diente, und zwar Rudravarman, Bhavavarman (I.), Mahendravarman, Īśānavarman und Jayavarman (I.), ohne daß diese Könige in einen genealogischen Bezug gestellt werden. Wenn der hier genannte Rudravarman mit dem letzten bekannten König Funans identisch ist, dann legt das Beispiel dieser Familie, die sowohl «Funan» wie «Zhenla» diente, einen eher friedlichen Übergang nahe, obwohl der zeitliche Abstand zwischen den als Beamten des Rudravarman (der Funan-Herrscher dieses Namens wird 539 das letzte Mal erwähnt) genannten Brahmadatta und Śivadatta und ihren Neffen Dharmadeva und Siṃhadeva, die den Königen Bhavavarman und Mahendravarman (um 600) dienten, beträchtlich ist.

Auch wenn die Informationen der chinesischen Quellen über Könige von Zhenla mit inschriftlichen Befunden partiell übereinstimmen, darf daraus nie geschlossen werden, es handele sich um Könige des (gesamten) Landes Kambodscha, gemeint sind vielmehr Herrscher aus (bestimmten Teilen von) Kambodscha. Will man der Nachricht von der Unterwerfung Funans durch Zhenla überhaupt einen historischen Wert beimessen, dann muß man davon ausgehen, daß Zhenla hier für «Kambodschaner» steht. Ob durch dieses Ereignis der

Nieder- oder Untergang der bedeutenden Handelsmacht hinreichend erklärt wird, ist äußerst fragwürdig. Kenneth R. Hall begründete ihn mit der seit dem 6. Jahrhundert auftretenden Konkurrenz durch die Häfen in der Sunda-Straße, d.h. auf der Malaiischen Halbinsel und dem indonesischen Archipel, die Funan seiner Vorrangstellung beraubten. Wirtschaftlich bedeutete dies den Übergang vom Handel auf der internationalen Route zwischen Indien und China zu neuen, im Landesinneren gelegenen Zentren mit einer hauptsächlich agrarisch strukturierten Ökonomie, ohne daß damit der Fernhandel völlig zum Erliegen gekommen wäre.

Kambodscha vom 6. bis 8. Jahrhundert

Zhenla: Chinesische Fiktion und kambodschanische Wirklichkeit

Neben Funan, zum Teil in Verbindung mit ihm, sind spätestens im 6. Jahrhundert n. Chr. kleine Reiche im kambodschanischen Binnenland entstanden, die Inschriften in Sanskrit und auch in Khmer (seit spätestens 612, da die früheste datierte Inschrift in Khmer aus Aṅkor Bórĕi vom 22. Januar 612 stammt) hinterlassen haben. Die bedeutendsten bildeten sich südlich und nördlich des Dangrek-Gebirges, weshalb Vickery sie auch als «Dangrek Chieftains» bezeichnete; mit ihren Fürsten tauschte der chinesische Kaiserhof zunächst in der ersten Hälfte des 7. Jahrhunderts Gesandtschaften aus, die im *Sui shu* und dem 940 endgültig abgeschlossenen *Jiu Tang shu* (Ältere Tang-Annalen) erwähnt sind. Diese Fürsten sind die «Könige von Zhenla», und Zhenla wurde in der chinesischen Historiographie zum Standardnamen für Kambodscha. Die Vorstellungen der Geschichtsschreiber von einem unter einer Krone vereinten Zhenla, die zum Teil von der älteren westlichen Wissenschaft geteilt wurden, sind aber nicht haltbar; vielmehr darf man eigentlich nur jene Gebiete zum Herrschaftsbereich eines Fürsten zählen, in denen er inschriftlich bezeugt ist.

Die wahrscheinlich früheste (undatierte) Inschrift ist die von Văt Luong Kău in der Nähe des Berges Văt Ph'u im südlichen Laos. Darin heißt es, Devānika, «großer oberster König der Könige» (*mahārājādhirāja*) aus einem fernen Land, habe seine Oberherrschaft auf dem erhabenen Liṅgaparvata («Liṅgaberg») installiert und ein Pilgerzentrum (*tīrtha*) gegründet. Coedès versuchte, diesen Herrscher mit dem in chinesischen Quellen für die Jahre 455 und 472 genannten Fan Zhencheng, König von Linyi, zu identifizieren, was aber äußerst unsicher ist.

Zeitlich besser zuzuordnen sind Inschriften aus dem nördlichen Kambodscha, Laos und Thailand, die auch eine relative Chronologie gestatten. So nennt die Inschrift von Vãl Kantél/ Prov. Stŭ'ṅ Trèṅ einen Herrscher Vīravarman als Vater von Bhavavarman und Citrasena; dasselbe berichten auch die Inschriften von Čăn Năk'ôn aus Basăk/Laos und von Pak Mun aus Ubŏn/Thailand, was für eine beträchtliche Ausdehnung des Territoriums spricht. In einer weiteren Inschrift von Robaṅ Romãs/Prov. Kŏmpoṅ Thoṃ berichtet ein gewisser Narasiṃhagupta, Vasall der aufeinanderfolgenden Könige Bhavavarman, Mahendravarman (der Herrschername des Citrasena) und Īśānavarman, er habe unter der Herrschaft des Bhavavarman am 13. April 598 eine Viṣṇu-Statue errichtet. Diese Angaben decken sich mit den Berichten des *Sui shu*, das für den Beginn des 7. Jahrhunderts von den Zhenla-Herrschern Zhiduosina (Citrasena) und Yishenaxiandai (Īśānavarman) spricht und als Hauptstadt des letzteren Īśānapura nennt, während dessen Vorgänger Bhavavarman in Bhavapura residierte. Unter welchem König die erste Gesandtschaft Zhenlas an den Hof der Sui-Dynastie im Jahre 616 reiste, wird nicht berichtet, aber da bereits von Īśānapura die Rede ist, spricht vieles für den Namensgeber der Stadt, Īśānavarman I. Dieser wird durch eigene Inschriften aus Īśānapura (der archäologischen Stätte Sambór Prei Kŭk) vom 13. September 627 und Khău Nôy (Thailand) vom 7. Mai 637 bezeugt. Damit darf ein zeitlicher Rahmen seiner Herrschaft zwischen 616? und 637+ als gesichert gelten, sein territoriales Einflußgebiet jedoch wie auch das seiner Vorgänger und Nachfolger war wohl nicht fest definiert. Möglicherweise ist der in der undatierten Inschrift von Bô Ika nahe Korat in Thailand (K. 400) als Großvater eines Harṣavarman genannte Īśānavarman mit dem oben genannten identisch.

Auf Īśānavarmans Zeit bezieht sich auch eine andere Angabe aus dem *Sui shu* über einen ebenfalls Liṅgaparvata genannten Berg und den damit verbundenen Kult: «In der Nähe der Hauptstadt befindet sich ein Berg namens Lingjiabopo, auf dessen Spitze ein Tempel errichtet wurde, der immer von fünftausend Soldaten bewacht wird. Östlich der Stadt ist der Gott namens Poduoli, dem Menschenopfer dargebracht werden, bewacht von tausend Mann. Jedes Jahr geht der König selbst zu diesem Tempel, um während der Nacht ein Menschenopfer durchzuführen»[7]. Es darf als gesichert gelten, daß mit Lingjiabopo das Sanskrit-Wort Liṅgaparvata gemeint ist und Poduoli für Bhadreśvara («Herr des Glücks») steht, eine sehr populäre Form des Hindu-Gottes Śiva, dessen Kult in ganz Kambodscha anzutreffen ist. Das *Sui shu*, die «Annalen der Sui-Dynastie», verweist eindeutig auf den Berichtszeitraum 589–618 und nicht etwa auf die Zeit vor 589, wie Coedès behauptete. Dieser meinte, der hier genannte Liṅgaparvata sei mit dem bei Văt Ph'u identisch, während die Nennung von Īśānavarman und seiner Hauptstadt auf einen Berg in deren Nähe verweist, vielleicht auf Phnoṃ Santuk 30 km südlich von Īśānapura. Dort wurden jedoch keinerlei archäologische Reste gefunden. Die einzigen Berichte über einen

Kult des Bhadreśvara in der Nähe von Īśānapura stammen erst aus der Angkor-Periode. Chandler hat darauf hingewiesen, daß das beschriebene Menschenopfer zur Übertragung der Fruchtbarkeit diene und zuletzt noch 1877 nachweisbar war.

Das Zeugnis der Inschriften

Primärquellen für die Geschichte des nachfunanschen Kambodscha (wie auch der Angkor-Periode) sind Inschriften in Sanskrit und Khmer, von denen für diesen Zeitraum über 230 erhalten sind. Die Mehrheit der veröffentlichten Texte, nämlich 134, sind in Khmer, 52 von ihnen enthalten einen Sanskrit-Abschnitt, der in vielen Fällen dem Khmer-Text vorausgeht. Von den datierten Inschriften fallen alle außer acht in den Zeitraum zwischen 612 und 713, der damit am besten dokumentiert ist. In Form und Inhalt gleichen sich fast alle Texte. Mit nur ganz wenigen Ausnahmen geht es um Gründungen für die Götter oder Schenkungen an sie, wozu die Vergabe von Arbeitspersonal, Land und Tieren und der Austausch von Beamten gehört. Historisch betrachtet, sind bei den zweisprachigen Inschriften die Angaben der Khmer-Texte von größerer Bedeutung, weil sie Auskunft über die Titel von Personen und Göttern geben. Während der Sanskrit-Text zumeist – wenn überhaupt – nur allgemeine Angaben über Schenkungen macht, listet der Khmer-Text diese getrennt nach Personen, Land und materiellen Gütern auf. Der reine Sanskrit-Text im Stil der klassischen indischen Dichtkunst enthält Eulogien auf den König oder auf Beamte, manchmal mit genealogischen Bezügen, oder Anrufungen der Götter und mythologische Anspielungen, aber nur wenig konkrete historische, soziale oder wirtschaftliche Informationen. Andererseits sind die Verse in einem verfeinerten Stil mit raffinierter Wortwahl und nach allen Regeln der indischen Dichtkunst verfaßt und können einem Vergleich mit der Sanskrit-Dichtung Indiens durchaus standhalten.

Bei Datumsangaben bediente sich die Epigraphik des ebenfalls aus Indien übernommenen lunisolaren Systems. Zu den üblichen Elementen gehören Jahreszahl, die *tithi* (der sogenannte lunare Tag) der hellen oder dunklen Monatshälfte eines angegebenen Monats und der Wochentag. Daten in Sanskrit-Partien sind aber häufig raffinierter, lassen bisweilen Tag und Monate aus und ersetzen diese Angaben durch Planetenpositionen oder Mehrdeutigkeiten, die erst durch Verknüpfung mit anderen Informationen in der gemeinten Bedeutung verifiziert werden können. So kann z.B. das Wortnumerale *mukha* (Gesicht) sowohl für die Zahl 1 (der Normalfall) als auch die 5 (die fünf Gesichter des Sadāśiva) stehen; in einigen komplizierten Fällen erklärten die Bearbeiter die Umrechnung sogar für unmöglich.

Die Inschriften verteilen sich auf unterschiedliche Regionen und geben unter anderem Auskunft über die Machtverteilung zu bestimmten Zeiten, darüber hinaus enthalten sie eine Fülle von Material über die Gesellschaft, Religion und Wirtschaft des 7. und 8. Jahrhunderts. Alle Stiftungen und baulichen Maßnahmen wurden von Personen vorgenommen, deren Titel auf einen königlichen oder hohen Beamtenstatus hinweisen. Die Zuteilung von Arbeitskräften im Zusammenhang mit Schenkungen an Land und Vieh fand in den meisten Inschriften ebenfalls Erwähnung, so daß eine große Anzahl von unterschiedlichen Schichten oder Kategorien der Bevölkerung bekannt ist, so z.B. auch zahlreiche Berufsgruppen. Der Königstitel, der auch für Götter benutzt wurde, lautete in Khmer *vraḥ kamratāṅ añ* («Großer Glänzender») und in Sanskrit *rājan* («Glänzender») und hatte nicht nur eine politische, sondern auch eine religiöse Konnotation. Die Könige der nachfunanesischen Epoche (und bis zu einem gewissen Grad auch die Angkor-Herrscher) waren weit davon entfernt, über ein festumrissenes «Reich» zu verfügen, das in erblichem Besitz war. Ihre Macht entsprach eher der einflußreicher Häuptlinge, von denen einige temporär in mehreren Regionen herrschen konnten. Die prominentesten Bezeichnungen für Personen mit hohem Status waren *poñ* und *mratāñ*, doch fällt es schwer, ihre Rangfolge einzuordnen, obwohl es scheint, daß im Verlauf des 7. Jahrhunderts der *mratāñ*-Titel vor dem des *poñ* an Bedeutung gewann. In der ältesten datierten Inschrift vom 22. Januar 612 aus Aṅkor Bórĕi wird als erster der *poñ* Uy genannt, der den Göttern *kpoñ kamratāṅ añ* und Gaṇeśa Personal (*kñuṃ*), Vieh, Kokosbäume und Reisfelder übereignete; erst danach erscheint der *mratāñ* Antār, der mehreren Gottheiten Personal (darunter Tänzerinnen und Musikantinnen), Vieh und Reisfelder schenkte. Jedenfalls waren die Träger des *poñ*-Titels lange Zeit hochrangige Funktionäre. Gelegentlich taucht auch der Beamtentitel *kurāk* auf, der aber nicht genau von den anderen Titeln abgegrenzt werden kann. Vereinzelt sind auch Sanskrit-Titel überliefert, die die Aufgaben der Beamten spezifizieren, wie etwa *sāmantagajapati* (möglicherweise ein Elefantenaufseher) in einer Inschrift von Văt Bàrày (Prov. Kŏmpoṅ Thoṃ) vom 29. Mai 676 oder *mahānauvāha* (etwa «Schiffsführer») in einer anderen aus Saṃbór/Prov. Kračĕḥ aus dem 7./8. Jahrhundert u. a. Den Titel *tāñ* oder *tāṅ* trugen vermutlich untergeordnete Beamte.

Die Gesellschaft

Das gemeine Volk wurde unter dem Sammelbegriff *kñuṃ* (Khmer) oder *dāsa* (Sanskrit) zusammengefaßt, was gewöhnlich als «Sklave» übersetzt wird, tatsächlich aber nur in bestimmten Fällen diesen Sachverhalt trifft. Hier wird damit der Teil der Bevölkerung bezeichnet, der dienende Funktionen hatte und sich in Abhängigkeit befand. Dazu zählte auch

Tempelpersonal, dessen Aufgaben im Tanz und Gesang bestanden, aber auch Handwerker wie Schmiede und Töpfer oder Spinner (*raṅhvai*) und Weber (*tmāñ*). Seltener belegt sind solche Berufe wie Köche (*mahānasa*) oder Schleifer (*pamas*). An letzter Stelle rangieren die einfachen Feldarbeiter, deren Status wohl am ehesten denen von «Sklaven» entsprach. Diese *kñuṃ* bezeichnete man als *va/vā* (maskulin) und *ku* (feminin) bzw. *si* und *tai* oder *kantai*. Die ganze Verachtung der Elite kommt darin zum Ausdruck, daß sie diese Feldarbeiter mit pejorativen Namen wie «Hund» (*cke*), «Stinker» (*sa-uy*), «schwarzer Affe» (*svā kmau*) oder «Arsch» (*kdit*) belegte.

Auch für das Wirtschaftsleben des Landes bilden die Inschriften nahezu die einzige Quelle. Da es darin in der Hauptsache um Tempelstiftungen und -schenkungen geht, erhält man sehr viele Informationen über den Tauschhandel zwischen Einzelpersonen und Tempeln wie auch in geringerem Maß zwischen einzelnen Personen. Es gibt keine Hinweise auf einen Fernhandel, einen Markt oder Kaufleute und offensichtlich auch keine auf Steuererhebungen. Anders als in Funan wurden keine Münzen gefunden oder in Inschriften erwähnt, was signifikant auf das Fehlen einer Geldwirtschaft hinweist. Das Fehlen all dieser für eine entwickeltere Ökonomie spezifischen Merkmale kann auch nicht dadurch erklärt werden, daß dies nicht Anliegen der Epigraphik sei, da z.B. die etwa zwei Jahrhunderte jüngeren altjavanischen Inschriften voll von Mitteilungen über Besteuerung, Märkte und Kaufleute sind. Die die Wirtschaft betreffenden Informationen der kambodschanischen Inschriften jener Tage beziehen sich zum einen auf das dem Tempel von einem oder mehreren Angehörigen der herrschenden Klasse übereignete Personal (von Feldarbeitern über Handwerker, Musiker und Tänzer bis hin zu Tempelbeamten) sowie auf Land und Vieh; zum anderen wird der Tauschhandel (Land, Reis, Kleidung und Edelmetalle) zwischen Personen mit hohem Status und dem Tempel erwähnt. Der Tempel war also nicht nur religiöses, sondern auch wirtschaftliches Zentrum einer Region. Ein Beispiel für solch umfangreiche Stiftungen ist die bereits genannte Inschrift K. 600 von 612, die von Schenkungen an vier Götter (zwei mit Khmer- und zwei mit Sanskrit-Namen) berichtet. Allein der Umfang der Reisfelder verweist darauf, daß die hier erzielten Erträge viel größer sind, als für das aufgelistete Tempelpersonal nötig wäre. Das läßt nur den Schluß zu, daß ein solcher «Tempel» ein Zentrum war, in dem die religiösen Einrichtungen als Kern für eine Produktionseinheit dienten, die von Beamten (*poñ* und *mratāñ*) installiert wurde, um einen Überschuß von Konsumartikeln über das hinaus zu erwirtschaften, was für die Versorgung der Arbeitskräfte erforderlich war. Ein Beispiel für Tauschhandel bietet eine unter Bhavavarman II. verfaßte Inschrift aus Tà Kèv/Prov. Kándal vom 5. Januar 644, in der ein *mratāñ* namens Īśānapavitra Schenkungen an die «vierarmige Devī» (Devī Caturbhujā), in Khmer *Kpoñ Kamratāñ Añ*, macht, die aus Reisfeldern bestehen, für die im Gegenzug Kleidung und Reis getauscht werden. Aus der Zeit Jayavarmans I. (ca. 657 bis ca. 680) wird jedoch berichtet, daß die Schenkungen nur zur exklusiven Nutzung durch bestimmte Personen gemacht wurden. So bestätigt dieser König in der Inschrift von Văt Prei Văl nahe Bà Phnoṃ vom 25. Dezember 664, daß alle Bediensteten (*k̃nuṃ*), Rinder, Büffel, Reisfelder und Pflanzungen, die in diesem Fall dem Buddha übereignet wurden, zur ausschließlichen Nutzung eines *poñ* Śubhakīrti, Großneffe der Stifter, bestimmt war. Auch eine Inschrift des Tempels von Práḥ Kŭha Lûoṅ, ebenfalls Prov. Kăṃpot, vom 10. Oktober 674, der bereits in der Zeit von König Raudravarman (wahrscheinlich Rudravarman von Funan) gegründet worden war, sichert allein den Asketen des Tempels das Nutzungsrecht der umfangreichen Liegenschaften zu, während anderen potentiellen Nutznießern, die detailliert genannt werden, Strafe angedroht wird. Die zahlreichen Fälle von Landschenkungen an Götter oder Tempel sowie der Tausch von Land und anderem Besitz (über den Tempel) durch hochrangige Beamte lassen den Schluß zu, daß es keinen privaten oder persönlichen Landbesitz gab; das Land war vielmehr Eigentum von lokalen Gemeinschaften oder lokalen Häuptlingsfamilien unter der Oberaufsicht höherer Beamter.

Die Machtzentren

Es ist häufig schwierig, über Besiedlungsschwerpunkte und insbesondere den Einflußbereich von Herrschern zuverlässige Angaben zu machen. Die Stätten, an denen Heiligtümer (zumeist mit Inschriften) errichtet wurden, und deren zeitliche Stellung geben darüber Auskunft, wo und wann sich Zentren der Besiedlung befanden. Ob eine Region bzw. ein bestimmter Ort sich unter der Kontrolle eines Herrschers befand, läßt sich mit Gewißheit nur dann sagen, wenn dieser inschriftlich genannt wird. Wird er in Inschriften, die aus seiner Zeit datieren, nicht erwähnt, kann zwar nicht unbedingt das Gegenteil geschlossen werden, doch darf keinesfalls stillschweigend impliziert werden, daß der Ort der Inschrift zu seinem Machtbereich gehörte. Die Zweifel haben bei weit entfernt von den Zentren eines Königs liegenden Orten umso größere Berechtigung. In solchen Fällen ist ein positiver Nachweis unabdingbar. So stammt z.B. die datierte Inschrift (5. Januar 644) des Königs Bhavavarman II. aus dem südlichen Kambodscha, aber die undatierte K. 1150 aus Khău Nôy (Thailand), die seinen älteren Bruder Śivadatta, Sohn des Īśānavarman, als Verwalter dieser Region nennt, zeigt die Größe seines Machtbereichs. Vieles spricht dafür, daß der nächste bekannte König, Candravarman, aus der Familie des Īśānavarman stammt, so die undatierte Inschrift K. 1142 (angeblich aus Práḥ Vĭhār in den Dangrek-Bergen, tatsächlich aber unbekannter Herkunft), in der dieser König wie auch seine Vorgänger auf das mythische Paar Kauṇḍinya und Somā zurückgeführt werden. Aus ihr geht auch hervor, daß auf Candravarman sein Sohn Jayavarman I. folgte. Vickery hält es nicht für unmöglich, daß dieser Jayavarman noch vor seiner Thronbesteigung in der Inschrift K. 109 aus Pràsàt Práḥ Thāt/Prov. Kŏṃpoṅ Čàṃ vom 11. Februar 656 unter dem Namen Vibhu als Vyādhapureśvara («Herr von Vyādhapura») genannt wird, da in einer der beiden ersten datierten Inschriften des Königs (aus Tûol Kôk Práḥ/Prov. Prei Vêṅ 30 km südwestlich der vorher genannten, datiert 14. Juni 657) wie dort von der Errichtung eines Śivaliṅga namens Rudramahālaya die Rede ist. Die Ausdehnung seines Machtbereichs wird durch eine Inschrift aus Bàsêt/Prov. Băttaṃbaṅ, wie die vorher genannte mit dem Datum 14. Juni 657 versehen, offenbar. Aufgrund des für Jayavarman I. charakteristischen Eröffnungssatzes *ājñā vraḥ kamratāṅ añ* («auf Anordnung Seiner Majestät») der undatierten Inschrift aus Văt Săbăp im thailändischen Čanthabŭri glaubt Vickery schließen zu können, daß seine Herrschaft sich sogar bis dorthin erstreckte. Die Ausdehnung in das nordwestliche Kambodscha scheint durch das *Xin Tang shu* bestätigt zu werden, das behauptet, nach dem Ende der Regierungsperiode *yonghui* (d.h. nach dem 31. Januar 656) habe Zhenla verschiedene Fürstentümer Nordwest-Kambodschas, die früher (638/39) Tribut nach China entsandt hatten, erobert; man darf jedoch nicht außer acht lassen, daß diese chinesische Quelle erst im 11. Jahrhundert kompiliert wurde. Jedenfalls beherrschte Jayavarman I. für einen längeren Zeitraum einen Großteil Kambodschas, was auch durch die insgesamt 19 oder 20 Inschriften, die seinen Namen nennen, bestätigt wird. Er regierte mindestens noch bis 681/82, dem letzten mit Sicherheit ihm zuzuordnenden Datum aus der Inschrift von Tûol Aṅ Tnot/Prov. Tà Kèv. Dem scheint die

Inschrift von Pràsàt Prei Thnāl/Prov. Siem Răp zu widersprechen, die den König als «zum Śivapura gegangen» (d.h. verstorben) bezeichnet; als Datum wird der 13. Tag der dunklen Monatshälfte des Monats Jyeṣṭha des Śakajahres 602, als der Mond im Haus Anurādha stand, angegeben, was dem 31. Mai 680 entspräche. Bei «Śivapura» handelt es sich um die Vorform des in der Angkor-Zeit üblichen posthumen Namen eines Herrschers, der sonst aber nur noch in zwei Inschriften von Jayavarmans Tochter Jayadevī genannt wird; das Datum ist jedoch unkorrekt, denn der Mond kann nur an einem 13. Tag der hellen Monatshälfte des Monats Jyeṣṭha im Mondhaus Anurādha erscheinen, was darauf hindeuten könnte, daß die Inschrift nicht zeitgenössisch ist. Das ist auch eine der von Vickery in Erwägung gezogenen Möglichkeiten, der deren (falsche) Rückdatierung durch den Stifter, den *kuruṅ* Maleṅ, nicht ausschließen möchte. Ob umgekehrt die Inschrift aus Tûol Kŭhā/Nordostthailand (datiert auf den 20. Januar 691), die ebenfalls einen Jayavarman nennt, nicht aus viel späterer Zeit stammt (das Sanskrit ist korrekt, das Khmer unverständlich), sei dahingestellt. Wann immer auch seine Herrschaft endete, die einzige datierte Inschrift seiner Tochter Jayadevī vom Westlichen Bàrày, d.h. der unmittelbaren Umgebung des späteren Angkor, wurde in einem erheblichen zeitlichen Abstand verfaßt (Mittwoch, 5. April 713). Aus derselben Region stammt eine undatierte Inschrift (aus Văt Khnàt), in der sie als Tochter Jayavarmans bezeichnet wird, aber außer ihr auch noch ein König Nṛpāditya genannt wird, ohne daß beide in direkte Beziehung gesetzt werden. Obwohl Jayadevī ihrer Titulatur nach als eine machtvolle Königin auftritt, scheint ihr Machtbereich doch auf den Nordwesten begrenzt gewesen zu sein, während in den übrigen Regionen andere Herrscher existierten. Das könnte den Hintergrund für die in der chinesischen Historiographie erwähnte Teilung von Zhenla in *Luzhenla* («Zhenla des Landes», auch Wendan oder Polou) und *Shuizhenla* («Zhenla des Wassers») nach Ablauf der Regierungsdevise *shenlong* (d.h. nach dem 6. Februar 707) bilden[8].

In Wirklichkeit gab es also mehr als nur zwei politische Zentren, und die eingeschränkte Sichtweise erklärt sich aus der Tatsache, daß das China der mittleren Tang-Zeit ausschließlich mit dem von ihm als «Zhenla des Landes» bezeichneten Gebiet Gesandtenaustausch pflegte. Die Anzahl der Inschriften nach 713 ist im Vergleich zu denen des 7. Jahrhunderts nicht besonders hoch, und so stammen viele Informationen bezüglich des 8. Jahrhunderts entweder aus chinesischen Quellen oder aus der Angkor-Periode; insbesondere die Zuverlässigkeit der letzteren, die häufig genealogische Verbindungen zu der früheren Epoche herstellen, ist im einzelnen zu überprüfen. Aus dem als «Zhenla des Landes» bezeichneten Gebiet, genauer gesagt aus U T'ông in Thailand, stammt die undatierte Inschrift eines Königs Harṣavarman, Enkel eines Īśānavarman, der vielleicht mit Īśānavarman I. aus der ersten Hälfte des 7. Jahrhunderts identisch ist. Ein namentlich nicht genannter König des «Zhenla des Landes» entsandte im Jahre 717 eine Gesandtschaft an den chinesischen Hof, eine weitere im Jahre 750 kam möglicherweise aus dem «Zhenla des Wassers». Weiterhin wird berichtet, im Jahre 753 sei ein Sohn des Königs von Wendan an den chinesischen Kaiserhof gekommen und habe im folgenden Jahr eine chinesische Armee auf ihrem Feldzug gegen das Reich Nanzhao begleitet. Eine weitere Gesandtschaft aus Wendan schickte im Jahre 771 ein *Pomi* genannter König, und 799 erhielt ein Gesandter aus Wendan namens *Litouji* einen chinesischen Titel. Aus der Epigraphik des Nordens ist nur noch ein König Jayasiṃhavarman bekannt, der in der undatierten Inschrift K. 404 aus Phu Khiao Kău (Ost-Thailand) erwähnt wird. Eine Aussage über die Hauptstadt des «Zhenla des Wassers» gibt es von chinesischer Seite erst aus dem 13. Jahrhundert durch den Kompilator Ma Duanlin, der sie als Poluotiba bezeichnet, was von Coedès als Bālādityapura gedeutet wurde; aber ein König Bālāditya wird erst in der Inschrift von Prè Rup aus dem Jahre 961/62 als König von Aninditapura genannt, einer Region, die möglicherweise im südöstlichen Kambodscha lag.

Es gibt weitere Hinweise auf Könige, deren Name auf *-āditya* endet, aber nur einer, Nr̥pāditya, ist aus zeitgenössischen Inschriften bekannt: In der undatierten aus Phnoṃ Ba The in Cochinchina lautet der Name vollständig Nr̥pādityadeva, aber es ist nicht sicher, ob dieser mit dem in der von Văt Khnàt genannten Nr̥pāditya identisch ist. Eine Inschrift der Angkor-Periode aus Ampĭl Rolŭ'm (frühestens aus der Zeit von Jayavarman IV., 928–941) berichtet, daß im Śaka-Jahr 71x (d. i. zwischen 789 und 797) in Bhavapura ein König namens Devāditya, Sohn des Indrāditya und Vater des Dharmāditya (der als «König der Könige», *adhirājendra*, bezeichnet wird), geherrscht habe. Obwohl man solche retrospektiven Angaben nicht von vornherein als unhistorisch verwerfen darf, sind sie in diesem Fall problematisch, da sich kein in Inschriften der Angkor-Zeit genannter vorangkorischer König durch eigene Inschriften bestätigen läßt. Dies trifft gleichermaßen für die in der Prè Rup-Inschrift genannten Herrscher von Śambhupura, Nr̥patīndravarman I. und dessen Sohn Puṣkarākṣa, zu[9]. Inschriftlich bezeugt für Śambhupura (Prov. Kračèḥ) sind hingegen aus dem Jahre 803/04 drei Königinnen namens Nr̥patendradevī, Jayendrabhā und Jyeṣṭhāryā. Ein weiterer Herrscher mit dem Namen Jayavarman wird zuerst für das Jahr 770 im Gebiet der Provinz Kŏṃpoṅ Čàṃ genannt; dieser soll aber gesondert behandelt werden, da er mit ziemlicher Sicherheit mit dem Gründer von Angkor, Jayavarman II., identisch ist.

Die meisten Inschriften sind Dokumente von Schenkungen und haben einen religiösen Hintergrund, aber bei der überwiegenden Mehrheit haben ökonomische und politische Angelegenheiten Priorität. Über religiöse oder philosophische Inhalte geben sie kaum Auskunft, wohl aber über Objekte der Verehrung, d.h. die Welt der Götter, die sich sowohl aus einheimischen wie importierten indischen Gottheiten zusammensetzte. Für diese gab es die Bezeichnung *vraḥ*, die fast ausschließlich für maskuline Gottheiten verwendet wurde. Zu ihnen gehörten Vertreter aller drei bedeutenden indischen Religionen (Śivaismus, Viṣṇuismus und Buddhismus), aber auch lokale Khmer-Gottheiten. Diese *kpoñ* sind fast alle feminin und gehören zu den lokalen Gottheiten, obgleich einige indisiert und durch Durgā oder Sarasvatī repräsentiert wurden. Der in früheren Arbeiten häufig vernachlässigte indigene Kulthintergrund wird zu Recht von modernen Autoren wie Jacob und Vickery betont; hier besteht jedoch die Tendenz, den Beitrag der indischen Religionen gänzlich herunterzuspielen, obwohl es genügend Beispiele (besonders der Angkor-Periode) in Sanskrit-Inschriften und bildlichen Darstellungen gibt, die sich auf die indische Mythologie, aber auch religiöse Texte aus Indien beziehen. Andererseits ist es nicht gerechtfertigt, die religiösen Kulte der Khmer als primär hinduistisch oder buddhistisch zu betrachten, da häufig die indische Gestalt nur eine Fassade für indigene lokale Glaubensinhalte bildete. Einige Vorstellungen entsprechen wie z.B. bei der Verwendung des Wortes *varṇa* («Kaste») nicht dem indischen Vorbild, und bestimmte Bräuche wie die rituelle Defloration junger Mädchen (berichtet von Zhou Daguan im 13. Jahrhundert) verletzen sogar die hinduistischen Normen. Die meisten Orte hatten ihre eigenen Götter, und einige von ihnen hatten überregionale Bedeutung wie etwa

Āmrātakeśvara, «Herr der Mangos», der hauptsächlich entlang des Mekong verehrt wurde. Der Buddhismus in seiner Theravāda-Form ist für das 7. Jahrhundert nur spärlich bezeugt, und zwar nur für den Süden und für das im heutigen Thailand gelegene Khău Răng. Falls sich die in der Inschrift von Saṃbór (Anlŭṅ Prăṅ) vom 18. Mai 692 erwähnte Errichtung einer Statue der Devī auf Prajñāpāramitā, die personifizierte buddhistische Weisheit, bezieht, wäre dies das früheste epigraphische Zeugnis für den Mahāyāna-Buddhismus in «Zhenla»; aus dem Jahre 791 stammt die Siem Răp-Inschrift, die von der Errichtung einer Statue des Bodhisattva Lokeśvara berichtet. In einer anderen (undatierten Inschrift aus Pràsàt Ampĭl Rolŭ'm) wird der Buddha mit dem Titel eines Lehrers, Śāstṛ, bezeichnet. Auch diese buddhistischen Gottheiten dürften zum Schutz des Landes gedient haben, wie überhaupt die Khmer-Elite sich die Errungenschaften der überlegenen indischen Zivilisation wie die Schrift oder die Sanskrit-Sprache aneignete und für sich nutzbar machte. Ähnliches läßt sich z.B. für das Japan des 6. und 7. Jahrhunderts nachweisen, wo man zusammen mit dem Buddhismus den Anschluß an die chinesische Zivilisation finden wollte; allerdings ist die dortige Entwicklung viel besser dokumentiert.

III. Das Reich von Angkor

Die Gründung von Angkor

Der Reichtum der Herrschaftsgebiete von «Zhenla» im 7. und 8. Jahrhundert beruhte hauptsächlich auf dem Naßreisanbau und der Mobilisierung der menschlichen Arbeitskraft. Im 8. Jahrhundert ist ein deutlicher Rückgang der Inschriften zu verzeichnen, und nach der oben genannten Inschrift der Jyeṣṭhāryā von 803/04 datiert die erste Inschrift der Angkor-Periode vom Jahre 880. Über die Anfänge dieser Zeit also, die mit einem König Jayavarman II. in Verbindung gebracht werden, können wir uns nur auf spätere Aussagen stützen, deren früheste die Inschriften der Heiligtümer von Práḥ Kô (K. 713 aus dem Jahre 880), Bàkoṅ (K. 826 von 881/82) und Lolei (K. 323 von 893) sind. In diesem Zusammenhang ist es aber erforderlich, zunächst einen König namens Jayavarman zu betrachten, dessen zwei datierte Inschriften aus Práḥ Thãt Práḥ Srĕi südlich von Kompoṅ Čaṃ (vom 20. April 770) und aus Lobŏ'k Srót in der Umgebung von Kračèḥ in relativer Nähe zu Śambhupura (aus dem Jahr 781/82) stammen. Coedès bezeichnete diesen König als Jayavarman I^{bis}, da er die Nummer II bereits für den Gründer von Angkor vergeben hatte, den er als nicht mit diesem Herrscher identisch betrachtete. Mehrere gute Gründe sprechen jedoch für eine Identität der beiden Personen. Es sind dies zum einen der durch die Herrscherfolge (die teilweise auch eine genealogische Abfolge ist) der Könige Jayavarman II., Jayavarman III., Rudravarman (dieser wird in der Lolei-Inschrift als «jüngerer Bruder der Mutter der Mutter des Jayavarman III.» bezeichnet), Pr̥thivīndravarman und schließlich Indravarman (der 877/78 den Thron bestieg) belegte zeitliche Abstand, der eine Datierung von Jayavarman II. Ende des 8./Anfang des 9. Jahrhunderts nahelegt, zum anderen die schon in den Inschriften des 9. Jahrhunderts erwähnte und dann immer wiederholte Tatsache, daß Jayavarman II. nicht ursprünglich in der Angkor-Region beheimatet war, sondern in die Familie eines lokalen Herrschers einheiratete und sich dort, auf dem Mahendra-Berg (wahrscheinlich Phnoṃ Kulên bei Angkor), niederließ[10]. Darüber hinaus hat Vickery gezeigt, daß Angkor-Inschriften des 10. und 11. Jahrhunderts seine Herkunft aus dem Süden belegen, von wo die Inschriften von 770 und 781/82 stammen. Die in vielen Publikationen anzutreffenden Regierungsdaten 802–850 bzw. 802–834 für Jayavarman II. und 850–877 bzw. 834 bis nach 860 für Jayavarman III. sind ohne historischen Wert, da diese Daten erst in Inschriften vom Ende des 10. und der ersten Hälfte des 11. Jahrhunderts genannt werden, während die des 9. Jahrhunderts sich jeglicher Datierung enthalten und eine andere aus der Zeit zwischen 944 und 968 als Jahr des Regierungsantritts von Jayavarman II. in Angkor 790/91 nennt. Obwohl Jayavarman II. in späteren Inschriften als ein bedeutender Herrscher geschildert wird, der Kambodscha von der Herrschaft eines Landes «Java» befreit habe (so die berühmte Inschrift aus Sdŏk Kăk Thoṃ vom 8. Februar 1053), dürfte sein Herrschaftsgebiet und das seiner unmittelbaren Nachfolger doch auf den Nordwesten Kambodschas beschränkt gewesen sein. Es gibt Hinweise darauf, daß Jayavarman III. jung und kinderlos gestorben ist; auf ihn folgte nämlich der einer früheren Generation angehörende Rudravarman. An wirklichen Fakten über das genealogische Gerüst hinaus gibt es über die Frühzeit der Angkor-Periode (Ende des 8. Jahrhunderts bis 877/78) sehr wenig, und auch die häufig vertretene These von der «Reichseinigung im Jahre 802» ist nicht stichhaltig, da für das Jahr 803/04 eine Königin von Śambhupura bezeugt ist und für das Jahr 868/69 aus einer Inschrift aus Bô Ika (Ostthailand) ein König von Canāśa (Korat-Plateau).

Die Konsolidierung (9. und 10. Jahrhundert)

Indravarman, der Gründer des Angkor-Reiches (877/78–889/90)

Obwohl die Gründung der Stadt, die unter dem Namen Angkor («Aṅkor») bekannt ist (abgeleitet von Sanskrit *nagara*, «Stadt»), wohl auf die Wende vom 8. zum 9. Jahrhundert zurückgeht, gibt es für die Zeit vor Indravarman I. keinerlei epigraphische Zeugnisse, und bisher haben auch archäologische Grabungen nach baulichen Überresten aus dieser Zeit keinen eindeutigen Befund erbracht. Mit Indravarman, der 877/78 den Thron bestieg, begann jedoch eine rege Bautätigkeit und ein erneutes Aufblühen der Inschriften. Zu seiner Residenz wählte er Hariharālaya (das moderne Roluôḥ, 15 km südöstlich der heutigen Provinzhauptstadt Siem Răp). Sein Machtbereich war indes nicht auf den Nordwesten beschränkt, denn die Lolei-Inschrift seines Sohnes Yaśovarman berichtet, er habe Indradevī geheiratet, die Tochter von Mahīpativarman von Śambhupura, der seinerseits Sohn von Rājendravarman (I.) und Nachkomme des nicht näher faßbaren Puṣkarākṣa war. Damit dürfte er seine Macht auf Śambhupura und darüber hinaus ausgedehnt haben; jedenfalls nennt ihn eine buddhistische Inschrift aus dem Jahre 886/87 aus Ampho' Fa Jat in der Region nordwestlich von Ubŏn im heutigen Thailand als regierenden Herrscher.

Im südlichen Kambodscha ließ er auf dem altehrwürdigen

Heiligtum von Phnoṃ Bàyaṅ, das bereits für den Beginn des 7. Jahrhunderts bezeugt ist, ebenfalls einen Tempel errichten, der eine undatierte Inschrift trägt. Über die näheren Umstände dieser aus der Retrospektive ziemlich unvermittelt auftretenden Machtfülle und den etwaigen Anteil der Vorgänger Indravarmans daran kann man nur spekulieren. Am 25. Januar 880 wurde jedenfalls der Tempel von Práḥ Kô eingeweiht, der mit seinen sechs Türmen für drei verstorbene Könige und deren Gemahlinnen als Ahnentempel diente: Die mittleren Türme waren für Jayavarman II. und seine Gemahlin Dharaṇīndradevī bestimmt, die nördlichen für Rudravarman und Narendradevī sowie die südlichen Türme für Pṛthivīndravarman und Pṛthivīndradevī, was aus den entsprechenden Inschriften hervorgeht. Bemerkenswert ist, daß Jayavarman III. hier nicht berücksichtigt wurde, vermutlich aufgrund seiner Kinderlosigkeit. Dennoch wurde er nicht vergessen, denn die Inschrift des in relativer Nähe zum Práḥ Kô errichteten Bàkoṅ-Tempels (geweiht 881/82 n. Chr.) berichtet, daß für Jayavarman III., der zum Viṣṇuloka (der Welt Viṣṇus) gegangen ist, eine Viṣṇusvāmin genannte Statue errichtet wurde (die Bezeichnung Viṣṇuloka wurde in späteren Inschriften als posthumer Name für diesen König benutzt).

Der Bàkoṅ, die zweite große Baumaßnahme Indravarmans, ist im Gegensatz zum Práḥ Kô ein Tempelberg aus Stein, d. h. ein zentral ausgerichtetes Heiligtum. In seiner Mitte befindet sich ein Turm, der den Weltenberg Meru der hinduistischen Mythologie symbolisiert und noch einmal von acht Ziegeltürmen umgeben ist, die möglicherweise für die in der Inschrift genannten acht Mūrtis («Erscheinungsformen») des Gottes Śiva stehen. Dort errichtete er das königliche *liṅga* Indreśvara, eine Bezeichnung, die einen Namen des Gottes Śiva (*īśvara*) mit dem des königlichen Stifters (Indravarman) verband. Das Selbstbewußtsein dieses Herrschers kommt auch in folgender Aussage zum Ausdruck: «Weil der Schöpfer anscheinend keinen Gefallen mehr daran fand, so viele Könige zu erschaffen, erschuf er diesen einzigartigen König Indravarman zur Zufriedenheit der drei Welten.» (Bàkoṅ, Vers XXII). Und in der Inschrift von Pràsàt Kandòl Dò'm aus der Zeit zwischen 878 und 887 wird über ihn gesagt: «Er, der Herrscher der ganzen Welt, die er erobert hat, der sich am Hang des Meru-Berges etabliert hatte, war sogar beständiger als die Sonne, die sich von Zeit zu Zeit entfernt. Seine Herrschaft war wie eine aus einer Jasmingirlande gemachte makellose Krone auf den erhabenen Köpfen der Könige von Cīna [China], Campā und Yavadvīpa [das insulare Südostasien]».

Obwohl dieser Anspruch eine maßlose Übertreibung ist, zeigt er doch den Horizont des Reiches, das jetzt den Namen Kambujadeśa, «Land der Kambujas, d.h. der Nachkommen des mythischen Vorvaters Kambu und seiner Gattin Merā», trug.

Die Verlegung der Hauptstadt nach Angkor: Yaśovarman I.

Eine weitere bauliche Maßnahme Indravarmans war das Graben eines künstlichen Teiches, des Indrataṭāka, in dessen Mitte sein Sohn und Nachfolger Yaśovarman I. (reg. 889–ca. 910) das Ahnenheiligtum von Lolei erbaute, an dem mehrere Inschriften (K.323, K.324 [Datum des 8. Juli 893], K.327, K.330 und K.331) angebracht sind. Danach verlegte er aber seine Residenz von Hariharālaya in das nach ihm benannte Yaśodharapura, d.h. das eigentliche Angkor, wo er wie sein Vater einen Tempel für das königliche *liṅga* Yaśodhareśvara errichtete, und zwar auf einem natürlichen Hügel, der heute als Phnoṃ Bàkhèṅ bekannt ist. Die Art und Weise, wie dieses Bauwerk gestaltet ist (5 Türme auf der Spitze, 60 kleinere auf den Terrassen und weitere 44 um den Terrassenbau), ließ Filliozat auf einen ausgefeilten indischen Symbolismus schließen, aber abgesehen von der allgemeinen Bedeutung des Weltberges Meru und möglicherweise der heiligen Zahl 108 (die Gesamtzahl der Türme um den Zentralturm) scheinen die anderen Interpretationen doch eher zweifelhaft. Wohl zur gleichen Zeit legte der König einen gewaltigen künstlichen Teich, den Yaśodharataṭāka (Östlicher Bàrày), von 7 km Länge und 1,8 km Breite nordöstlich der neuen Stadt an und stellte an seinen vier Enden Stelen mit längeren (undatierten) Sanskrit-Inschriften auf. Am Südufer dieses Teiches entstanden etwa 100 Einsiedeleien (*āśrama*) für Asketen verschiedener śivaitischer (Pāśupatas, Tapasvins), viṣṇuitischer (Pāñcarātras, Bhāgavatas und Sāttvatas) und buddhistischer Schulen, die alle als Yaśodharāśramas bezeichnet wurden und einen königlichen Pavillon (*rājakuṭī*) besaßen.

Dies belegt, daß Yaśovarman ein großer Förderer indischer Religionen war, und gerade die Nennung spezifischer Schulrichtungen spricht für eine stärkere Bedeutung indischer Kultur bei der Machtelite. Hier findet sich auch der Gedanke des Nichtverletzens (*ahiṃsā*) anderer Wesen (in D 9): «Niemand soll hier ein anderes Wesen töten, weder durch die Tat, durch Gedanken oder durch Worte; auch soll niemandem bei irgendeiner Gelegenheit Fleisch angeboten werden, weder innerhalb noch außerhalb der Einsiedelei». Andererseits ist die Schutzfunktion eines einheimischen Kultes, der in Sanskrit *devarāja* und in Khmer *kamrateṅ jagat ta rāja* lautet, unübersehbar. Die ausführlichsten Informationen darüber finden sich erst in der anderthalb Jahrhunderte später entstandenen Inschrift von Sdŏk Kăk Thoṃ, die als erstem Jayavarman II. die Etablierung dieses Kultes in seinen diversen Hauptstädten zuschreibt, dann aber auch sagt, daß Yaśovarman «die Stadt Yaśodharapura gründete und den *kamrateṅ jagat ta rāja* aus Hariharālaya wegnahm und in dieser Hauptstadt installierte». Die früheste Anspielung findet sich jedoch in der Pràḥ Kô-Inschrift des Indravarman von 880, in der davon die Rede ist, daß durch ein Ritual «der große Indra zur göttlichen Herrschaft erhoben wurde» (oder: «auf dem Mahendra[-Berg] der Devarāja-Kult [*devarājya*] begründet wurde»). Der spärlich verwendete Sanskrit-Begriff *devarāja* («Götterkönig») ist nur eine Übersetzung des Khmer-Begriffes *kamrateṅ jagat ta rāja* («Herr des Universums, der König ist»), der zuerst in der Inschrift von Chok Gargyar (Kòḥ Ker) aus dem Jahre 921/22 genannt wird. Das dieser Bezeichnung hier vorgesetzte *vraḥ*, üblicherweise eine Titulatur indischer Götter, fehlt sonst immer, ein Hinweis darauf, daß es sich um eine Khmer-Gottheit handelt. Nirgendwo wird explizit von einem Kultbild gesprochen (von dem Kulke ausging), hingegen legen einige Passagen der Sdŏk Kăk Thoṃ-Inschrift nahe, daß eine bestimmte Priesterfamilie den Kult dieser Schutzgottheit vor allem mit magischen Ritualen pflegte.

Auch Yaśovarmans Herrschaftsbereich erstreckte sich vom südlichen Laos bis ins südliche Thailand und Kambodscha. Ob es sich bei einem in einer Inschrift erwähnten Sieg über «Tausende von Barken mit weißen Segeln» um eine historische Seeschlacht gegen Invasoren handelt oder ob diese Erwähnung nur eulogischen Charakter hat, sei dahingestellt. Yaśovarman scheint noch im Jahre 910/11 gelebt zu haben, weil er im Zusammenhang mit einer Stiftung gemeinsam mit seinen Söhnen genannt wird. Über diese, die seine Nachfolger wurden, ist wenig bekannt. Die Regierungszeit von Harṣavarman I. läßt sich nur durch zwei Schenkungen (eine aus dem Jahre 912/13 aus Prấḥ Vihãr Kŭk im südlichen Kambodscha und eine aus Tûol Pĕi/Prov. Kŏṃpoṅ Thoṃ vom 7. Juni 922) ungefähr eingrenzen. Sein jüngerer Bruder Īśānavarman II. ist lediglich aus der Inschrift von Tûol Kul (datiert vom 9. September 968) für das Jahr 925/26 unter seinem posthumen Namen Paramarudraloka («der zur Welt des höchsten Rudra» gegangen ist) belegt. Die Verleihung von posthumen Namen, die uns zuerst bei Jayavarman I. («Śivapada») begegnete, wurde seit dem 10. Jahrhundert beinahe bei allen Angkor-Königen üblich.

Das Zwischenspiel von Chok Gargyar (921–944)

Möglicherweise waren beide schwache Herrscher, denn ein Onkel mütterlicherseits namens Jayavarman (IV.) errichtete spätestens im Jahre 921 eine eigene Herrschaft in Chok Gargyar, 80 km nordöstlich von Angkor, wo er eine siebenstufige, ca. 36 m hohe Tempelpyramide (Pràsàt Thoṃ) mit einem gewaltigen *liṅga* für den Gott Tribhuvaneśvara (Śiva) erbaute, die am 10. Dezember 921 eingeweiht wurde. Dieser Gott – das hat insbesondere Jacques gezeigt – darf nicht mit dem *kamrateṅ jagat ta rāja* identifiziert werden. Seine Nennung in der am Turm II von Pràsàt Thoṃ angebrachten Inschrift (siehe oben) für das Jahr 921/22 hat viel zur Verwirrung beigetragen. Denn in der Sdŏk Kăk Thoṃ-Inschrift steht einerseits (D, 31–32), daß Jayavarman IV. «aus Yaśodharapura nach Chok Gargyar fortzog und den *kamrateṅ jagat ta rāja* mit sich führte», andererseits (D, 29), daß der Priester Kumārasvāmin sein Amt vor dem *kamrateṅ jagat ta rāja* unter Harṣavarman I. und Īśānavarman II. ausübte. Nun wurde viel zu wenig berücksichtigt, daß diese Inschrift aus der Retrospektive geschrieben wurde; sie sollte vor allem dokumentieren, daß eine bestimmte Priesterfamilie seit ca. 250 Jahren ununterbrochen den Kult dieser Schutzgottheit versah. Sie gehört somit zu einer Reihe anderer Inschriften aus der Zeit der Könige Sūryavarman I. (1002–1049) und Udayādityavarman II. (1049–1067), in der verschiedene Familien die Legitimität ihrer Ansprüche mit der Kontinuität ihrer Ämter seit dem 9. Jahrhundert zu beweisen versuchten. Hier ist eine stärkere kritische Distanz auch zum Inhalt von Dokumenten erforderlich, wie sie z. B. für die Geschichte des europäischen Mittelalters schon lange praktiziert wird, wo eine Urkunde wie die «Konstantinische Schenkung» bereits im 15. Jahrhundert als ein Produkt des 8. Jahrhunderts erkannt wurde, um die Existenz des Kirchenstaates zu legitimieren. Nimmt man daher im vorliegenden Falle eine zeitliche Abfolge an, dann widerspricht dies dem Befund der Inschrift K. 682. Jacques hat als Lösung zwei gleichzeitig nebeneinander existierende Schutzgottheiten vorgeschlagen, was vielleicht der historischen Wahrheit noch am nächsten kommt. Nach der Inschrift von Pràsàt Nāṅ Khmau/Prov. Tà Kev wurde Jayavarman IV. im Jahre 928/29 Herrscher des Gesamtreiches, residierte aber weiterhin in Chok Gargyar. Er war mit einer Schwester Yaśovarmans namens Jayadevī verheiratet, und sein Sohn Harṣavarman II. dürfte ihm um 941 auf den Thron gefolgt sein.

Angkor wird Großmacht: Rājendravarman II. und Jayavarman V.

Nach einer kurzen Herrschaft (bis ca. 944) wurde sein Vetter Rājendravarman II. (reg. ca. 944 bis März/Mai 968) König, der «wie Kuśa [Sohn des aus dem altindischen Epos Rāmāyaṇa bekannten Paares Rāma und Sītā] in Āyodhyā die heilige Stadt Yaśodharapura wiederherstellte, die vor langer Zeit aufgegeben worden war, und sie prächtig und schön anzusehen ausbaute, indem er einen Palast mit einem Heiligtum aus glänzendem Gold errichtete, der wie der Palast Mahendras auf Erden ist» (Bàt Čŭṃ-Inschrift vom 12. Juni 960). Rājendravarman II. war der Sohn von Mahendravarman, König der seit dem 7. Jahrhundert bekannten Stadt Bhavapura, und von Mahendradevī, Schwester der Jayadevī, Gemahlin Jayavarmans IV. Mit dieser Rückverlegung der Hauptstadt nach Angkor setzte eine rege Bautätigkeit ein, beginnend mit der Vollendung des Tempels von Bàksĕi Čăṃkrŏṅ, der am 23. Februar 948 geweiht wurde. In der Mitte des Yaśodharataṭāka ließ Rājendravarman II. am 28. Januar 953 einen als Östlicher Mébŏn bezeichneten Ahnentempel einweihen; in dessen fünf Ziegeltürmen stellte er Statuen seiner Eltern in der Form von Śiva und dessen Gemahlin Umā auf sowie Statuen der Götter Viṣṇu und Brahmā, im Zentrum aber das königliche *liṅga* Rājendreśvara. Die gesamte Anlage wurde von acht Türmen umgeben, die acht *śivaliṅgas* bargen. Mit 218 Versen ist die dortige Sanskrit-Inschrift die zweitlängste überhaupt (einschließlich der in Indien verfaßten) und wurde nur von der 961/62 durch die am Tempelberg von Prè Rup angebrachte mit 298 Versen übertroffen. Die Eleganz dieser Dichtungen (*kāvya*) – denn nichts anderes sind diese die ganze Palette indischer Versmaße benutzenden Inschriften – kann sich durchaus mit der Dichtkunst Indiens messen, mit dem man mit Sicherheit im Austausch stand. Das zeigt sich nicht nur in der Verwendung poetischer Figuren (*alaṃkāra*), sondern ebenfalls durch den Einfluß religiöser und philosophischer Ideen, von Grammatik, Erotik, Politik, Mythologie bis hin zu Tendenzen in Architektur und Skulptur. Insbesondere diese starke Anlehnung an die indische Kultur, aber auch bisweilen das Bestreben, sie durch eigene Leistungen zu überbieten, zeigen eine neue Welle der «Indisierung» in dieser Epoche, in der die Elite auf vielen Gebieten indischen Vorbildern folgte; eine dauerhafte Verankerung in der Volkskultur erfolgte jedoch nicht, da außer gewissen Gebräuchen kaum etwas die Veränderungen des 14. Jahrhunderts überdauert hat.

Die Inschriften nennen jetzt auch in größerer Zahl namentlich priesterliche Würdenträger oder Buddhisten, z. B. den Brahmanen Śivācārya, der den Königen seit Īśānavarman II. als *hotṛ* (königlicher Hauspriester) diente, oder den Spion (*cāra*) Kavīndrārimathana, der Führer der Buddhisten war und zudem vom König mit dem Bau des Palastes und anderer Gebäude am Yaśodharataṭāka beauftragt wurde. Offensichtlich spielte zu dieser Zeit auch noch ein anderer buddhistischer Lehrer namens Kīrtipaṇḍita eine Rolle, von dem in der später (nach 968) verfaßten Văt Sithor-Inschrift gesagt wird, er habe im Jahre 947/48 buddhistische Einrichtungen wiederhergestellt (Vers 49). Trotz der Förderung des Buddhismus läßt der König in der Inschrift des Östlichen Mèbŏn eine gewisse Distanz zu dieser Religion sowie seine eigene Überlegenheit durchblicken[11]. In den 50er Jahren des 10. Jahrhunderts führte Rājendravarman II. Krieg gegen das benachbarte Reich Campā (darüber wird in der gleichen Inschrift berichtet), weil die Kambodschaner die goldene Statue der Göttin Bhagavatī aus Kauṭhara geraubt hatten, welche dann aber im Jahre 965/66 durch eine steinerne Statue ersetzt wurde.

Im letzten Jahr der Regierung von Rājendravarman II., am 22. April 967, wurde der Tempel Tribhuvanamaheśvara in Īśvarapura (Bantãy Srĕi) durch den Guru Yajñavarāha eingeweiht, den Enkel von Harṣavarman I. und Lehrer des zukünftigen Königs Jayavarman V.; dieser wird hier schon als König bezeichnet, obwohl alle anderen Inschriften seinen Regierungsantritt ins darauffolgende Jahr verlegen, so die ebenfalls aus Īśvarapura stammende Khmer-Inschrift vom 5. Juni 968. Er dürfte zu diesem Zeitpunkt noch sehr jung gewesen sein, weil er seine Studien unter Anleitung eines «heiligen Lehrers» (*vraḥ guru*) erst am 24. Dezember 974 beendete. Wahrscheinlich regierte er bis ca. 1001 (die letzte Inschrift unter seinem Namen stammt von April/Mai 997), politische Ereignisse jedoch sind aus diesem langen Zeitraum nicht bekannt. Jayavarman V. gab seine Schwester Indralakṣmī einem gewissen Divākarabhaṭṭa zur Gemahlin, der möglicherweise aus Indien stammte; so berichtet Vers XXI der Inschrift aus Praḥ Ĕinkòsĕi, er sei am Ufer der Kālindī (Yamunā) geboren. Andererseits hatte Kambodscha aber kaum Kontakte nach Nordindien, verwendete indes häufig indische Toponyme (insbesondere die heiliger Orte und Flüsse) zur Bezeichnung eigener geographischer Gegebenheiten.

Obgleich der König und die meisten seiner Würdenträger Śivaiten waren, fanden sich unter ihnen auch Anhänger des Mahāyāna-Buddhismus, was durch verschiedene Inschriften (in Pràsàt Kŏk/Siem Răp, in Văt Sithor/Kôṃpoṅ Čam und in Phnoṃ Bantăy Năṅ/Băttaṃbaṅ) belegt wird. Die Inschrift von Văt Sithor gibt mit ihrer Darstellung der Yogācāra- oder Vijñānavādin-Lehre sogar Auskunft über die Schulzugehörigkeit. Sie ist damit ein wichtiges Zeugnis für den kambodschanischen Buddhismus des 10. Jahrhunderts mit seinen Details über Werte und Lehren des Mahāyāna und die Einzelheiten des täglichen Klosterlebens. Die Hervorhebung alltäglicher Rituale zeigt, daß der Buddhismus als Institution sich stärker durch konkrete Handlungen als abstrakte Lehren auszeichnete. Die Frömmigkeit konzentrierte sich häufig auf die populäre Gestalt des Lokeśvara, des Bodhisattvas des Mitgefühls. In der Inschrift von Čikrèṅ aus dem Jahre 970/71 wird berichtet, daß die beiden Stifter Umā und ihr Bruder Hṛdyācārya ihre Schenkungen an Lokeśvara als verdienstvolle Handlungen ansehen, um zum Wohl anderer Wesen oder ihrer selbst in zukünftigen Existenzen zu wirken[12]. In der Inschrift von Phnoṃ Bantăy Năṅ vom 10. November 981 findet sich ein Hinweis auf die Lehre von den zwei Wahrheiten, der absoluten und der herkömmlichen (*paramārtha* und *saṃvṛtti*), die besonders mit der Madhyamaka-Schule verbunden ist, aber auch auf die Lehre von den «drei Körpern» (*trikāya*) des Buddha, und in verschiedenen Punkten haben sich die buddhistischen Vorstellungen an śivaitische angeglichen. So verschmolzen buddhistische Lehren mit dem monistischen Glauben des Vedānta an ein kosmisches Selbst. Im 11. Jahrhundert werden Buddha, Viṣṇu und Śiva (*bauddhavaiṣṇavamāheśa*) als Objekte der Verehrung sogar gleichrangig nebeneinandergestellt.

Der Besitz von Land bedeutete für die Khmer-Eliten in der Hauptsache die Verfügungsgewalt über die Produktion und die Arbeitskraft der Bewohner einer Landparzelle. Oft errichtete der jeweilige Angehörige dieser «Landaristokratie» darauf einen Tempel oder eine Einsiedelei und ging dort seinen Beschäftigungen nach. Solche Landrechte konnten vom König übertragen werden, was jedoch nur eine Art des Erwerbs war. Merle Ricklefs hat sowohl für königliche Schenkungen wie auch Landkauf zahlreiche Beispiele gegeben: So wird etwa in der Inschrift von Ban T'at T'ong/Nordostthailand (aus der Zeit von Harṣavarman I. oder Īśānavarman II.) berichtet, ein Freund habe dem Würdenträger Guṇādhyakṣa dazu geraten, sich vom König statt beweglicher Güter Land zu erbitten. Im Zusammenhang mit Landschenkungen ist bisweilen auch von der Schaffung neuer *varṇa*s («Kasten») die Rede: Dies beinhaltet z.B. die Inschrift aus Kṑṃpoṅ Thoṃ vom Montag, dem 21. Dezember 974, aus der aber hervorgeht, daß mit diesem Begriff keine Kasten im indischen Sinne gemeint sind, sondern eine Gruppe von Individuen, die vom König (in diesem Falle Jayavarman V.) mit erblichen Besitzrechten ausgestattet werden. Königliche Landschenkungen trugen auch zur Erweiterung der von den Khmer bevölkerten Gebiete bei; bei diesen handelte es sich entweder um völlig neue Regionen oder um früher aufgegebenes Land, das zum Teil Opfer von Verwüstungen geworden war. Es gehörte auch zu den Aufgaben des Königs, solche Dinge wie das unbeaufsichtigte Grasen von Büffeln zu verhindern, das zur Vernichtung von gutem Reisland führen könnte (Inschrift von Pràsàt Anloṅ Čàr mit dem Datum 31. August 949). Die auf Anordnung von Jayavīravarman (1001/02) verfaßte Inschrift von Pràsàt Tnòt Čũṃ/Prov. Kṑṃpoṅ Thoṃ erwähnt für das Jahr 952/53 eine Schenkung von Waldgebieten, die urbar gemacht werden sollten. Aber auch reiche Regionen mit einer größeren Bevölkerungszahl wurden z.B. an einen persönlichen Beauftragten (*ātmanaḥ praṇidhi*) des Königs namens Kambu vergeben.

Über den Kauf von Land über einen längeren Zeitraum (955/56 bis 1006/07) durch nichtkönigliche Personen gibt die Inschrift von Văt Ph'u Auskunft, in der die Rede ist von einem gewissen Vāp Śaṅkarātman, der seinen Landbesitz durch ständigen Ankauf vergrößert. Dieses Land wurde ihm und seinen Nachkommen exklusiv «solange Sonne und Mond existieren» zugestanden. In diesem Zusammenhang ist die Klage eines Mannes namens Vāp Sa im Śaka-Jahr 92x (d.h. zwischen 998 und 1001[13]) vor einem königlichen Gericht interessant, die abschlägig beschieden wurde, wobei der Kläger mit dem Abschlagen von Händen und Füßen bestraft wurde. Der Eigentümer konnte in der Regel über seinen Besitz frei verfügen ohne sich auf den König zu berufen, aber in Streitfällen wurde dieser bzw. ein königliches Gericht angerufen, um die Besitzübertragung zu bestätigen. Ein solcher Streitfall erscheint in der Inschrift K. 158 von Tûol Pràsàt/Prov. Kŏṃpoṅ Thoṃ, in der König Jayavīravarman am 3. September 1003 die Besitzrechte der Nachkommen eines gewissen Gravya, der diese unter Rājendravarman II. erworben hatte, gegen die Ansprüche dreier Personen bestätigte, die diese nach dessen Tod geltend machten; die Ansprüche wurden vom königlichen Gerichtshof als betrügerisch abgewiesen und die Kläger hart bestraft. Auch Beamte waren von Bestrafungen nicht ausgenommen. So berichtet die Inschrift K. 181 von Năk Tà Čàrĕk, daß der *mratāñ kuruṅ* Vīrabhaktigarjita, Leiter des Distrikts (*khloñ viṣaya*) von Vīrapura (in der Region von Chok Gargyar), im Jahre 962/63 für schuldig befunden wurde, Reis vom Land eines anderen geerntet zu haben; obwohl er behauptete, einem Irrtum infolge der unklaren Grenzziehung unterlegen zu sein, wurden er und seine Helfershelfer verurteilt, letztere zur Auspeitschung, er zur Zahlung von Gold. Unter bestimmten Bedingungen behielten die Könige eine gewisse Entscheidungsgewalt über religiöse Stiftungen, die privat genutzt wurden. Dazu gehörte die gemeinsame Nutzung (*miśrabhoga*) von Besitz durch zwei oder mehr Tempel, d.h. deren Einkünfte wurden geteilt. Einen solchen Fall, bei dem der König (Rājendravarman II.) angerufen wurde, gibt z.B. die Inschrift K.352 von Pràsàt Kantŏp (möglicherweise vom 9. September 960) wieder[14].

Handelsbeziehungen

Neben dem agrarischen Sektor spielte auch der Handel keine unbedeutende Rolle. Die Inschrift aus Praḥ Ĕinkòsĕi nennt (Teil B, 29) unter dem Datum des 23. Januar 983 ein Kaufmannsquartier, und im Zusammenhang mit dem 24. Januar 985 (D, 47) werden Güter wie Gold, Edelsteine, Perlen, Kleider sowie *noṅ* (wohl «Güter») aus China (*Cīna*) aufgeführt. In der Inschrift aus Phum Mîen vom 9. Dezember 987 wird berichtet, daß ein Kaufmann aus Campā (*vāp cāmpa*) und einer aus Vietnam (*yvan Kaṃvaṅ Tadiṅ*) zusammen mit lokalen Händlern (*khloñ jnvāl*) Waren verkauften. Seit der Zeit Sūryavarmans I. werden dann immer häufiger auch wandernde Kaufleute (*khloñ jnvāl vanik*, von Sanskrit *vāṇija*, «Kaufmann») erwähnt. Bei vielen königlichen Stiftungen an Tempel traten Kaufleute als Vermittler auf. So erzählt die Inschrift aus Pràsàt Čàr vom 15. November 994 von mehreren *khloñ jnvāl*, die als Käufer von Land bei königlichen Beamten (*kaṃsteṅ*) auftraten und ihnen Silber, Kleider und Salz im Austausch gaben, «Güter, die es ihnen erlaubten, den königlichen Dienst durchzuführen und den Rest zum Lebensunterhalt zu nutzen».

Unter Rājendravarman II. und Jayavarman V. stieg nicht nur die Zahl der Landschenkungen; in den Inschriften erscheint auch eine größere Anzahl von hohen Beamten, wahrscheinlich eine Folge der Erweiterung des fruchtbaren Landes und der territorialen Ausdehnung durch militärische Expansion. Die Fortsetzung dieser Politik führte dann schließlich zur Großmachtstellung Angkors ab dem 11. Jahrhundert, die insbesondere mit den Namen Sūryavarman I., Sūryavarman II. und Jayavarman VII. verbunden ist.

Die Blütezeit (11.–13. Jahrhundert)

Der Aufstieg der großen Familien

Vermutlich regierte Jayavarman V. bis zum Jahr 1001, weil nach der Inschrift von Pràsàt Khnà/Prov. Kŏmpoṅ Thoṃ in diesem Jahr sein Neffe Udayādityavarman I. König wurde, der allerdings nicht für die Hauptstadt belegt ist und wohl nur kurz herrschte: Seine letzte Inschrift stammt aus Kóḥ Ker vom Freitag, dem 13. Februar 1002. In Angkor selbst hatte im Jahre 1002 ein gewisser Jayavīravarman, über dessen Herkunft nichts weiter bekannt ist, die Herrschaft angetreten. Im Nordosten, in der Gegend von Śambhupura (Inschrift von Pràsàt Robaṅ Romãs), war zudem im Jahre 1001/02 ein weiterer König namens Sūryavarman I. aufgetreten, über dessen Herkunft ebenfalls nichts Sicheres bekannt ist. Es gibt zwar Vermutungen, daß er sich mit seinem Namensbestandteil *sūrya* («Sonne») als legitimer Nachfolger von Udayādityavarman darstellen wollte, der das Wort «Sonne» (*āditya*) ebenfalls in seinem Namen trug, mit Gewißheit läßt sich dies jedoch nicht sagen. Zwischen Jayavīravarman und Sūryavarman I. brach jedenfalls ein Bürgerkrieg aus, der sich über mehrere Jahre hinzog. In der (stark beschädigten) Inschrift von Pràsàt Dambòk Kpŏs (wahrscheinlich vom 7. Januar 1005) warnt Jayavīravarman vor der «Verrückung der Grenzsteine», aber bereits 1006/07 scheint Sūryavarman Angkor in seinen Besitz gebracht zu haben. Sūryavarman benötigte offensichtlich noch einige Jahre, um sich auch im Westen Kambodschas durchzusetzen. Nach der Konsolidierung seiner Macht ließ er am 20. August 1010 seine Gouverneure (*tamrvāc*) einen Treueid auf sich schwören und bezeichnete sich als «legitimen Herrscher» (*vraḥ dharmarājya*) seit 1002/03. Während seiner langen Regierung (1001–1049) dehnte Sūryavarman I. die Macht des Khmer-Reiches bis nach Zentralthailand und in Laos bis nach Luang Prabang aus, obwohl auch schon Rājendravarman II. in der Inschrift K. 872 aus Pràsàt Bĕṇ Vîen von Siegen gegen Unterburma (Rāmaṇya, d. i. Rāmaññadeṣa) und Campā berichtet. Aus dem ehemaligen Mon-Staat Lavo (heute Lopburi) stammt eine Inschrift (K. 410) mit den Daten 14. August 1022 und Februar 1026, die buddhistische Mönche des Mahāyāna und des Theravāda (*bhikṣu mahāyāna* und *sthavira*) erwähnt. Aber auch Vertreter der viṣṇuitischen wie der śivaitischen Religion erfreuten sich der Förderung. Während der Herrschaft von Sūryavarman I. erweiterte sich der kulturelle Einfluß der Khmer außerdem bis zur Malaiischen Halbinsel hin, was durch Buddha-Statuen mit Inschriften in Khmer in den folgenden Jahrhunderten dokumentiert wird, die sowohl kambodschanischen wie indonesischen Einfluß aufweisen und damit das bilden, was Dupont als Chaiya-Schule der buddhistischen Kunst bezeichnet.

Von den zahlreichen Inschriften aus der Zeit Sūryavarmans I. sind die meisten nichtköniglich, und viele berichten von Landansprüchen und Rechtsstreitigkeiten, in die kleinere Beamte verwickelt waren. Von größerem Interesse sind jedoch eine Reihe von Inschriften hochrangiger Beamten, die über Familiengenealogien Auskunft geben und diese mit einem historischen Gewand versehen, um ihre Ansprüche auf Besitz und Rang seit der Zeit Jayavarmans II. zu dokumentieren, dessen Rolle als Gründervater von Angkor in diesem

Zusammenhang viel pointierter als früher hervorgehoben wird. Insbesondere Vickery hat darauf hingewiesen, daß sich keines dieser angeblich ausgeübten Ämter und Privilegien in früheren, zeitgenössischen Quellen nachweisen läßt. Einige enthalten sogar offensichtliche Ungereimtheiten wie die undatierte, aus der Zeit von Sūryavarman I. stammende Inschrift aus Tûol Tà Péč, die von dreizehn Brüdern und Vettern berichtet, die den Königen von Jayavarman II. bis Sūryavarman I. gedient haben sollen. Abgesehen von dieser chronologischen Unmöglichkeit ergeben sich Widersprüche zu den Angaben in den Inschriften anderer Familien, deren Mitglieder angeblich zum Teil die gleichen Ämter bekleidet haben wollen. Darüber hinaus waren in der Inschrift von Tûol Tà Péč Teile des Originaltextes ausgelöscht und durch einen neuen Text ersetzt worden, in den die Namen der Könige und die Jahre ihrer Thronbesteigung, von denen einige nachweislich falsch und andere zumindest zweifelhaft sind, eingetragen wurden. Weitere Mängel zeigen sich bei den angegebenen Daten. Aber auch korrekte Datumsangaben für länger zurückliegende (angebliche) Ereignisse sind kein Beweis für die Echtheit der Angaben. So wird in der Inschrift einer weiteren Priesterfamilie aus Pràsàt Kôk Pô auf dem Gebiet von Angkor behauptet, dort sei an einem Montag des Śaka-Jahres 779 zur Zeit einer Mondfinsternis (entspricht dem 22. Juni 856) eine Statue des Hari gestiftet worden, obwohl es begründete Zweifel gibt, ob dieses Heiligtum zu dieser Zeit überhaupt schon existierte. Vickery hat die Widersprüchlichkeiten klar aufgezeigt, so daß die eigentliche Bedeutung dieser Inschriften nicht in ihren angeblichen historischen Nachrichten besteht, sondern in der Dokumentation von Rivalitäten der verschiedenen Familien zur Zeit Sūryavarmans I. Diese Anhäufung von Macht in einer bestimmten Bevölkerungsschicht kam in der Konzentration von Landbesitz, einer bedeutenden Quelle des Reichtums, zum Ausdruck. Damit ging auch eine zunehmende Urbanisierung einher, denn die Zahl der Ortsnamen, die auf *-pura*, «Stadt», endeten, stieg von 12 unter Jayavarman IV. und 24 unter Rājendravarman II. (unter Jayavarman V. fiel die Zahl wieder auf 20) auf 57 an, ein weiterer Hinweis auf die Konzentration der Bevölkerung aus weniger dicht besiedelten ländlichen Gebieten.

Auch der Handel nahm unter Sūryavarman I. einen großen Aufschwung. Ausländische Händler tauschten Güter wie Kleidung und Porzellan gegen Naturprodukte ein, aber die Kambodschaner gaben z.B. auch Land, Büffel und Sklaven gegen verarbeitete oder exotische Produkte her, wie man z.B. aus einer Inschrift aus Bàsĕt/Prov. Băttambaṅ vom 19. Juli 1042 über ortsansässige Händler (*khloñ jnvāl*) erfährt. Eine weitere Inschrift dieses Tempels vom 9. Februar 1043 informiert über die Handelstätigkeit königlicher Agenten, die offensichtlich keine hohen Steuern zahlen mußten, sowie über eine Standardisierung der Maße und Gewichte. Kaufleute konnten auch zum königlichen Gefolge gehören, wie aus der Inschrift aus Bantāy Prāv vom 5. September 1009 hervorgeht. Eine Inschrift von Pràsàt Kantŏp/Prov. Kŏmpoṅ Thoṃ mit den Daten 1. Dezember 1045 und vermutlich 20. März 1047 berichtet, daß der König Kaufleuten für die von ihnen erworbenen Güter im Austausch Land, Büffel, Reis, Juwelen und «Sklaven» gab. Die Erweiterung der Macht erforderte auch die Intensivierung der Feldarbeit, da eine nur einmalige Ernte pro Jahr nicht zur Aufrechterhaltung des Erzwingungsstabes aus Priesterbürokraten und Militärs ausreichte.

Die lange Herrschaft Sūryavarmans I. endete Anfang 1049, denn von seinem Sohn Udayādityavarman II. wird gesagt, er habe am 24. Februar 1049 den Thron bestiegen. Sūryavarman I. erhielt den posthumen Namen Nirvāṇapada («der, der die Erlösung als seine Wohnstätte hat»), welcher keineswegs exklusiv auf den Buddhismus beschränkt war, wie einige

Autoren meinten: Vielmehr weisen seine Inschriften ihn als Anhänger des Śivaismus aus.

Während der Herrschaft von Udayādityavarman II. (1049–1067) entstand die Inschrift K. 235 aus Sdŏk Kăk Thoṃ (heute Thailand) vom 8. Februar 1053, von der schon im Zusammenhang mit dem Kult des *kamrateṅ jagat ta rāja* (*devarāja*) die Rede war; sie wurde früher auch gern als Kronzeugin für die Gründungsphase von Angkor herangezogen und regte zu mannigfaltigen Spekulationen über die Abhängigkeit Kambodschas von einem Land «Javā» um 800 an, aber hierbei handelt es sich womöglich um Anspielungen auf Ereignisse aus der Mitte des 11. Jahrhunderts: Vickery hat hervorgehoben, daß der Begriff *javā/chvea* bis in die moderne Zeit dazu benutzt wurde, um das Volk der Cham zu bezeichnen. Schon Coedès war in einem posthum erschienenen Aufsatz zu der Überzeugung gekommen, daß die in dieser Inschrift genannte Familie die Entstehung des Devarāja-Kultes zurückdatiert hat; darüber hinaus ist sie nur ein weiteres Beispiel für den Anspruch einer Familie, schon 250 Jahre in den Diensten der Könige von Angkor gestanden zu haben.

In seiner Hauptstadt erbaute der Herrscher einen großen Tempelberg, den Bàphûon, wie sein Nachfolger Harṣavarman III. in der Inschrift K. 136 aus Loṅvĕk mitteilt: «Als er [Udayādityavarman II.] in der Mitte von Jambudvīpa, der Wohnung der Götter, einen goldenen Berg aufsteigen sah, erbaute er wetteifernd im Zentrum der Stadt einen goldenen Berg. Auf dem Gipfel dieses Berges errichtete er in einem goldenen Tempel, der in himmlischem Glanz erstrahlte, ein Śivaliṅga aus Gold». In einer der letzten Inschriften des Königs, der von Práḥ Ṅôk in Angkor vom 16. Februar 1067, befindet sich eine Eulogie auf den General Saṅgrāma, der mehrere Aufstände gegen den König niederschlug: Der erste fand 1051/52 im Süden unter der Führung eines gewissen Aravindahrada statt; später vertraute der König einem als

Helden bezeichneten Kaṃvau, den er zum General machte. Dessen Rebellion schlug Saṅgrāma genauso nieder wie die eines gewissen Slvat und zwei anderer Rebellen im Osten des Landes. Udayādityavarman II. scheint seinen Nachfolger Harṣavarman III. bereits zu seinen Lebzeiten zum Mitregenten gemacht zu haben: Nach der Inschrift von Pràsàt Sralau wurde letzterer 1065/66 König, aber noch in der Inschrift von Pràsàt Práḥ Khsèt vom 27. Mai oder 21. Oktober 1067[15] werden sie gemeinsam genannt.

Kriege gegen die Nachbarn: Erfolge und Niederlagen

Die Regierung von Harṣavarman III. ist mit Sicherheit nur bis zum Jahr 1071/72 (Pràsàt Sralau) bezeugt, vermutlich dauerte sie jedoch weitaus länger und war von Kriegen und Niederlagen gegen Campā gekennzeichnet. Noch während der Herrschaft Udayādityavarmans II. war die Sab Bāk-Inschrift (datiert auf den 23. Februar 1067) in der Nähe von Nakhon Ratchasima (Thailand) entstanden, nach der ein gewisser Śrīsatyavarman dort Statuen des Buddha Lokeśvara errichtete, damit das Land Javā nicht Kambodscha angreife. Falls die Gleichsetzung von Javā mit Campā zuträfe, könnte sich die Inschrift auf diese kriegerischen Verwicklungen bezogen haben. Aus chinesischen Quellen wissen wir jedoch, daß China im Jahre 1076 Campā und Kambodscha zu einer gemeinsamen Militärexpedition gegen das vietnamesische Annam vereint hatte und die Heere der beiden Länder Nghê-an besetzten, sich nach der Niederlage der Chinesen aber zurückzogen. In einer Inschrift aus Mi-so'n von 1080/81 berichtet der Campā-König Harivarman IV. von einer Niederlage der Kambodschaner bei Someśvara und der Gefangennahme des Prinzen Nandavarmadeva; ferner wird die Eroberung Śambhupuras durch den Cham-Prinzen Pāṅ mitgeteilt. Es kann nicht ausgeschlossen werden, daß diese Ereignisse zur Begründung der Herrschaft Jayavarmans VI. führten, von dem in der undatierten Inschrift vom Prè Rup-Tempel in Angkor gesagt wird, er habe 1080/81 die Regierung übernommen. Da sich aber alle seine anderen Inschriften außerhalb Angkors finden, hatte er die Hauptstadt möglicherweise nur kurz unter seiner Kontrolle, zumal erst von König Sūryavarman II. gesagt wird, er habe das zweifache (*dvandva*) Königreich wiedervereinigt. Wer in Angkor bis zur Thronbesteigung von Sūryavarman II. herrschte, ist unklar[16]. Jayavarman VI., der keinen Anspruch auf königliche Abkunft erhob, beherrschte offensichtlich den Norden, d.h. Nordostthailand und Südlaos. Nach der Inschrift aus Văt Ph'u aus der Zeit Sūryavarmans II. soll Jayavarman VI. dort im Jahre 1103/04 das Bildnis eines Gottes namens Vraḥ Thkval restauriert und im folgenden Jahr den Kult des Bhadreśvara gefeiert haben, was auf den Beginn einer neuen Bautätigkeit an diesem alten Heiligtum hinweist. Seine letzte datierte Inschrift (aus dem Jahr 1106/07) stammt jedoch aus Phnoṃ Dà in der südlichen Provinz Tà Kèv. Aus dem Süden, aus Phnoṃ Bàyàṅ (K. 852) kommt auch die erste datierte (19. Mai 1107) Inschrift seines Bruders und Nachfolgers Dharaṇīndravarman I., der nach der Inschrift aus Phnoṃ Sandak aus dem Jahre 1110/11 ihm im Jahre 1107 auf dem Thron nachfolgte.

Dieser Herrscher förderte sowohl śivaitische Kulte als auch den buddhistischen Tempel von Vimāya (Phimai in Nordostthailand), wie aus einer Inschrift des Jahres 1112 hervorgeht, die unter mehreren vorhergenannten Daten (beginnend mit dem 27. Dezember 1108) von der Errichtung einer Statue des Trailokyavijaya, der als «Feldherr» des *kamrateṅ jagat* Vimāya bezeichnet wird, und von späteren Schenkungen berichtet.

Nach einer Inschrift aus Ban Th'at (Südlaos) folgte auf Dharaṇīndravarman I. sein Großneffe Sūryavarman II. nach, der «sich, obwohl noch sehr jung und gerade erst am Ende seiner Studien, die Wünsche seiner Familie nach königlicher Ehre erfüllte, einer Familie, die jetzt (noch) von zwei Herren abhängig war». Dann folgt die Beschreibung einer blutigen Schlacht: «Er entließ den Ozean seiner Armee auf das Schlachtfeld und lieferte eine furchtbare Schlacht: Er stürzte sich auf den Kopf des Elefanten des feindlichen Königs, den er tötete, so wie Garuḍa vom Gipfel eines Berges herabkommt und eine Schlange tötet». Nach der frühestens 1139/40 entstandenen Inschrift aus Văt Ph'u erlangte Sūryavarman II. im Śaka-Jahr 1035 (d.h. 1113/14 bei Annahme eines abgelaufenen und 1112/13 bei Annahme eines laufenden Jahres) die Herrschaft durch die Vereinigung des zweifachen [Königreiches]. Daher ist nicht ganz klar, welcher feindliche König in der Inschrift von Ban Th'at gemeint ist. Denn die gegen Ende des 12. Jahrhunderts verfaßte Inschrift vom Pràsàt Čruṅ in Aṅkor Thoṃ berichtet (Vers CVIII), Sūryavarmaṇ habe seinen Großonkel Dharaṇīndravarman I. nach einer eintägigen Schlacht des Thrones beraubt, aber diejenige von Ban Th'at deutet eigentlich nicht auf diesen hin.

Wie auch immer sein Weg zur Macht verlaufen sein mag, mit Sūryavarman II. bestieg einer der mächtigsten und kriegerischsten Herrscher den Thron Kambodschas, den er möglicherweise bis etwa 1150 behielt. Die Inschrift von Ban Th'at sagt über ihn, daß «er in die Länder seiner Feinde ging und den Ruhm des siegreichen Raghu [Vorfahr des epischen indischen Helden Rāma] verdunkelte» (Sarga III, Vers XXXV). Außerdem ist er berühmt als Bauherr des monumentalen viṣṇuitischen Tempelberges Aṅkor Văt (der wahrscheinlich den Namen Viṣṇuloka trug, was durch die Bezeichnung *bişnulok* in den Inschriften des 16. bis 18. Jahrhunderts nahegelegt wird). In den Jahren 1116 und 1120 schickte Sūryavarman II. Gesandtschaften an den Hof der chinesischen Song-Dynastie, und 1128 wurde er, «der König von Zhenla namens Jinpoubinshen», vom chinesischen Kaiserhof als «großer Vasall des Reiches» anerkannt. Von Beginn seiner Herrschaft an bedrängte er Campā. Als das vietnamesische Reich Đai Viêt in den Jahren 1123 und 1124 ständig flüchtigen Kambodschanern und Cham Zuflucht gewährte, wurde es 1128 von Sūryavarman II. mit einer Armee von 20000 Mann angegriffen; der Khmer-König soll zwar bei Nghê-an am 16. März zurückgeschlagen worden sein, doch im darauffolgenden Jahr entsandte er eine Flotte von 700 Schiffen, um die Küsten des Landes zu plündern. Von da an ging er regelmäßig gegen Đai Viêt vor, häufig im Bunde mit den Cham. Mit ihnen begann er 1132 einen großen Feldzug, die Feindseligkeiten wurden erst 1135 beendet. Während Campā aber jetzt aus der Allianz ausscherte, erneuerte Sūryavarman II. 1137 seinen Krieg gegen Đai Viêt, ohne einen wirklichen Durchbruch erreichen zu können. Daraufhin marschierte er 1145 in Campā ein und besetzte dessen Hauptstadt Vijaya. Der Campā-König Jaya Indravarman III. verschwand während des Krieges, entweder wurde er gefangengenommen oder starb auf dem Schlachtfeld. Nach einer Campā-Inschrift aus Da Nê (Batau Tablaḥ) begründete jedoch Jaya Harivarman I. im Jahre 1147/48 im Süden in Pāṇḍuraṅga eine neue Herrschaft. Gegen diesen entsandte der kambodschanische König, wahrscheinlich noch immer Sūryavarman II., im Jahre 1148/49 eine aus Khmer und Cham bestehende Armee unter dem Feldherrn Śaṅkara, die auf der Ebene von Rājapura besiegt wurde. Kurz darauf ereilte «eine tausendmal stärkere Armee» bei Vīrapura dasselbe Schicksal. Daraufhin proklamierte der Khmer-König seinen Schwager Harideva zum König von Campā, doch auch dieser wurde von Jaya Harivarman I. besiegt und getötet, der Vijaya zurückeroberte und sich dort 1149/50 zum König krönen ließ. Die Mißerfolge hielten den Khmer-König nicht davon ab, im Jahre 1150 einen neuen Feldzug gegen Đai Viêt zu beginnen, vom Fieber geschwächt zogen die Truppen indes ohne Kampfhandlungen wieder ab. Viel später entstandene thailändische Chroniken berichten außerdem auch von Kriegen gegen das Mon-Königreich Haripuñjaya (in Nordthailand) und runden damit das Bild eines sehr kriegerischen Herrschers ab; allerdings überwiegen die Nachrichten von seinen Niederlagen, was mit der Tatsache zusammenhängen mag, daß die Verfasser der Texte den Khmer feindlich gesonnen waren. Die letzte bekannte Inschrift von Sūryavarman II. selbst stammt aus Văt Slà Kèt (K. 200) und datiert vom 17. Oktober 1145, verschiedene kriegerische Aktivitäten nach diesem Zeitpunkt sprechen jedoch dafür, daß er bis nach 1150 regierte. Trotz aller berichteten Niederlagen ist die Ausbreitung der Macht des Khmer-Reiches eine unbestreitbare Tatsache.

Neben seinen außenpolitischen Ambitionen ließ Sūryavarman II. zudem zahlreiche Tempelanlagen restaurieren oder neu bauen. Dazu zählte unter anderem der schon unter Dharaṇīndravarman I. begonnene weitere Ausbau der alten Pilgerstätte von Văt Ph'u, wo nach der bereits genannten Inschrift im Jahr 1128/29 ein Śivaliṅga, eine Statue der Bhagavatī (Umā, die Gemahlin Śivas) als Mahiṣāsuramardinī («Töterin des Büffeldämons») und eine des Viṣṇu, errichtet wurden. Wegen der Mahiṣāsuramardinī und des hier 1004/05 erneuerten Kultes des Bhadreśvara wird diese Stätte mit Menschenopfern in Verbindung gebracht. Daneben zeigt sich hier aber auch die besondere Verehrung Viṣṇus durch den König (Statue dieses Gottes und seiner Gemahlin Bhagavatī Śrī, d. h. Lakṣmī, im Jahre 1137/38).

Viṣṇu ist auch das berühmteste Heiligtum Kambodschas geweiht, der mittlerweile weltweit berühmte Tempel von Aṅkor Văt, der zu einem Anziehungspunkt des internationalen Tourismus geworden ist und von dessen fünf Türmen die drei, die unter einem bestimmten Blickwinkel immer sichtbar sind, im Zentrum der gegenwärtigen kambodschanischen Nationalflagge abgebildet sind. Den Mittelpunkt des Tempels bildet der von vier anderen Türmen umgebene zentrale Tempelturm, der auf einer Terrasse von 365 × 250 m steht. Die rechteckig angelegte Gesamtanlage befindet sich auf einem Areal von 1,3 × 1,5 km, das von einem künstlichen Teich umschlossen ist. Völlig ungewöhnlich für kambodschanische Tempel, ist das Heiligtum nach Westen geöffnet, und von West nach Ost verläuft auch die Hauptachse, die mit dem Übergang über den Teich beginnt und am zentralen Turm endet, unterbrochen von drei rechteckigen, mit Galerien versehenen Mauern mit einer Fülle von Bas-Reliefs, die mythologische wie auch historische Ereignisse darstellen. Robert Stencel, Fred Gifford und Eleanor Morón (jetzt Mannikka) sahen in den Maßen des Prozessionsweges die Dauer der hinduistischen Weltzeitalter (*yuga*). Diese Weltzeitalterlehre, die in ihrer endgültigen Form (mit den entsprechenden Zeitangaben) erst im 5./6. Jahrhundert n. Chr. abgeschlossen war, geht von einem ursprünglichen goldenen Zeitalter (Kṛtayuga, mit 1 728 000 Jahren) aus, auf das zwei schlechter werdende Zeitalter Tretāyuga (1 296 000 Jahre) und Dvāparayuga (864 000 Jahre) sowie das gegenwärtige schlechte Kaliyuga (432 000 Jahre) folgen. Nach dem in Angkor benutzten Maß, dem *hat* (ca. 0,4 m) beträgt die Länge des Grabens 439,78 Hats, die Länge von der ersten Stufe des westlichen Eingangs zur Balustradenwand 867,03 Hats, die Länge von der ersten Stufe des westlichen Eingangs zur ersten Stufe des zentralen Turms 1296,07 Hats und die Länge von der ersten Stufe der Brücke zum Mittelpunkt der Anlage 1734,41 Hats, was auf eine Korrelation zu den Zeiten der vier Yugas hindeuten könnte. Die ungewöhnliche Westöffnung des Heiligtums von Aṅkor Văt ließ einige Gelehrte an einen Grabtempel glauben, war doch der Westen die Himmelsrichtung des Totengottes Yama; dazu kommt noch, daß die Bas-Reliefs gegen den Uhrzeigersinn angeordnet sind. Gegen diese Deutung wurden einige Stimmen laut, aber letztlich muß die Frage, worum es sich bei Aṅkor Văt handelt, nach wie vor als unbeantwortet gelten. Vom westlichen Eingang aus beginnen die Reliefs mit der Darstellung des im altindischen Epos *Mahābhārata* geschilderten großen Krieges der Pāṇḍavas und Kauravas, dann folgen die militärischen Erfolge von Sūryavarman II., der selbst abgebildet ist, des weiteren Himmels- und Höllenszenen sowie ein anderes großes Thema der hinduistischen Mythologie, die Quirlung des Milchozeans (*samudramathana*). Auch Szenen wie die Vernichtung von Dämonen durch Viṣṇu, der Sieg Kṛṣṇas über den Dämonen Bāṇa (mit Darstellungen Kṛṣṇas auf dem mythischen Vogel Garuḍa und des Feuergottes Agni auf einem Nashorn), der Krieg zwischen den Göttern und den Dämonen und der Kampf um Laṅkā aus dem anderen großen indischen Epos *Rāmāyaṇa* sind dargestellt. Falls man der Deutung Aṅkor Văts als Grabtempel zustimmt, könnte er als die «Höchste Welt Viṣṇus» (*Paramaviṣṇuloka*) konzipiert sein, was mit dem posthumen Namen von Sūryavarman II. übereinstimmt, der in den relativ kurzen Inschriften K.298 von Aṅkor Văt genannt wird. Die Verehrung des Viṣṇu zeigt sich auch in einem Bericht über eine Pilgerfahrt zum Heiligtum des Viṣṇu Cāmpeśvara in Phnoṃ Sandak (Prov. Kŏṃpoṅ Thoṃ), der in der dortigen Inschrift vom 14. oder 28. Juli 1119 (einem Montag) erscheint. Diese besondere Form des Viṣṇu entstand wahrscheinlich unter Rājendravarman II. anläßlich eines Sieges über den König von Campā.

Trotz der persönlichen Vorliebe des Königs für den Kult des Gottes Viṣṇu blieb der Śivaismus die vorherrschende Religion der Khmer-Elite, denn in der oben genannten Inschrift aus Phnoṃ Sandak wird auch gesagt, daß Divākarapaṇḍita, der Lehrer des Königs, seine Pilgerreise mit der Verehrung des Bhadreśvara begann. Der Eklektizismus der Kultstätte von Văt Ph'u wurde bereits erwähnt, und eine Stele von Trapăn Dón Ón (Aṅkor Thoṃ) aus dem Jahre 1129/30 gedenkt der am 13. März 1127 gemachten Schenkungen an Śiva, Viṣṇu Cāmpeśvara und den Buddha, ein weiteres Beispiel für die Koexistenz und in gewissem Grade auch Angleichung dieser aus Indien stammenden Religionen.

Vorübergehender Niedergang: Aufstände, Usurpatoren und Invasionen

Wann die Herrschaft Sūryavarmans II. genau endete, ist nicht bekannt, vermutlich aber nach 1150. Sein Nachfolger Dharaṇīndravarman II. war sein Vetter (der Vater Mahīdharāditya war der Bruder von Sūryavarmans II. Mutter Narendralakṣmī), und das einzige von ihm überlieferte Datum ist wahrscheinlich der 19. Februar 1155, enthalten in einer Inschrift aus Phnoṃ Bàyàṅ. Nach den Inschriften von Tà Prohm aus dem Jahre 1186/87 (Vers XVII) und Práḥ Khăn aus dem Jahre 1191/92 (Vers XVII) seines Sohnes Jayavarman (VII.) war er Buddhist (*śākya*). Ihm folgte mit Yaśovarman II. ein König unbekannter Herkunft, von dem in einer Inschrift aus Pràsàt Čruṅ (Aṅkor Thoṃ) gesagt wird, er habe die «Dunkelheit des Daitya (Rāhu)» besiegt. Eine Inschrift aus Bantãy Čhmar (Prov. Băttambaṅ) berichtet ebenfalls von dem Aufstand eines Bharata und eines Rāhu «im Geist des Verrates» gegen ihn. Briggs deutet diesen als Aufstand der einfachen Bevölkerung, da auf einem Bas-Relief dieses Tempels zwei Menschen mit Tierköpfen als Rebellen abgebildet sind.

Yaśovarman II. wurde aber wiederum von einem Usurpator namens Tribhuvanāditya gestürzt, den eine Inschrift aus Phnoṃ Svàm (Cochinchina) für das Jahr 1166/67 belegt und der laut derjenigen von Pràsàt Čruṅ erst durch die Invasion der Cham (1177) beseitigt wurde.

Im Jahre 1166/67 hatte auch in Campā ein Usurpator namens Jaya Indravarman IV. die Macht an sich gerissen und wandte sich nach einem Friedensschluß mit Đai Viêt im Jahre 1170 gegen Kambodscha: «Jaya Indravarman, der König von Campā, anmaßend wie Rāvaṇa, brachte seine Armee mit Wagen zum Kampf gegen das Land der Kambujas, als ob es zum Himmel gehe», sagt eine Inschrift vom Phĭmānakas-Tempel. Nach unentschiedenem Kampf änderte der Campā-König seine Pläne und segelte 1177 mit einer Flotte an der Küste entlang, erreichte mit Hilfe eines chinesischen Schiffbrüchigen das Mekongdelta und segelte dann den Fluß hinauf durch den See Tonle Sap und eroberte und plünderte am 14. Juni 1177 (Datum bei Ma Duanlin) Angkor, wobei König Tribhuvanāditya getötet wurde. Diese Eroberung und anschließende Besetzung der Hauptstadt bis 1181 stellte zwar einen Tiefpunkt in der Geschichte des angkorischen Imperiums dar, führte dann aber auch zur Mobilisierung von Gegenkräften.

Jayavarman VII., der große Eroberer

Es war jener Jayavarman, der Sohn von König Dharaṇīndravarman II. und Cūḍāmaṇi, der Tochter Harṣavarmans III., der die Wende brachte. Nach der Inschrift K.485 vom Phĭmānakas-Tempel befand er sich auf einem Feldzug gegen Campā, als er vom Tod seines Vaters, der Thronbesteigung Yaśovarmans II. und dem Usurpator Tribhuvanāditya hörte. Er sei in großer Eile König Yaśovarman zu Hilfe geeilt, aber zu spät gekommen und habe dann in Kambodscha auf einen geeigneten Augenblick gewartet (Verse LXV–LXVII). Nach dem Fall

Angkors sammelte er offensichtlich Truppen und konnte die Cham schließlich in einer Seeschlacht schlagen, die auf den Mauern der später von ihm errichteten Tempel Bàyon und Bantãy Čhmar in Form von Bas-Reliefs abgebildet ist. 1181/82 bestieg er den Thron von Angkor und wird als Jayavarman VII. gezählt. Der neue König, der vermutlich schon um 1125 geboren worden war, baute die Hauptstadt wieder auf und umgab sie mit Gräben und Mauern, die das gegenwärtig als Aṅkor Thoṃ bezeichnete Stadtgebiet einschließen.

Schon bald war Jayavarman VII. gezwungen, einen Aufstand in Malyaṅ (Prov. Bãttaṃbaṅ) niederzuschlagen. Dazu bediente er sich eines Cham-Prinzen namens Vidyānandana, über den eine Inschrift aus Mi-so'n Auskunft gibt:

«... Prinz Vidyānandana ... ging in seiner Jugend im Śaka-Jahr 1104 (1182/83) nach Kambodscha. Als der König von Kambodscha sah, daß er alle dreiunddreißig Merkmale [eines vom Schicksal ausersehenen Menschen] hatte, wurde er auf ihn aufmerksam und unterrichtete ihn wie einen Fürsten in allen Wissenschaften und militärischen Fähigkeiten. Während er in Kambodscha lebte, rebellierte eine Stadt in diesem Königreich namens Malyaṅ, die von einer Menge schlechter Menschen bewohnt wurde, über die die Kambodschaner ihre Herrschaft errichtet hatten. Der König, der sah, daß der Prinz in der Kriegskunde sehr erfahren war, beauftragte ihn mit der Leitung der kambodschanischen Truppen, um die Stadt Malyaṅ zu erobern. Er stimmte den Wünschen des Königs von Kambodscha völlig zu. Der König erkannte seine Tapferkeit, verlieh ihm den hohen Rang eines Yuvarāja (eigentlich Kronprinz, hier aber wohl Thronprätendent) und gab ihm alle Besitztümer und Güter, die man im Königreich Kambodscha finden kann.»

Der junge Cham-Prinz diente Jayavarman VII. in der Folge als Instrument seines Rachfeldzuges gegen Campā. Anlaß dazu bot ihm ein neuer Angriff des Campā-Königs Jaya Indravarman oṅ Vatuv (vermutlich immer noch Jaya Indravarman IV.) im Jahre 1190/91. Nachdem die Kambodschaner diesen zurückgeschlagen hatten, eroberten sie nach einer Inschrift aus Po Nagar die Hauptstadt von Campā und verschleppten alle Liṅgas. Gemäß der Mi-so'n-Inschrift hatte der junge Cham-Prinz Vidyānandana das Oberkommando, und er war es, der die Hauptstadt Vijaya eroberte und König Jaya Indravarman als Gefangenen nach Kambodscha brachte. An die Stelle des besiegten Königs setzte er den Prinzen In, den Schwager Jayavarmans VII., der den Königsnamen Sūryajayavarmadeva annahm. Vidyānandana selbst setzte sich im Süden in Pāṇḍuraṅga fest und nannte sich hinfort König Sūryavarmadeva.

Ein bald darauf ausgebrochener Aufstand in Vijaya brachte dort den Cham-Prinzen Raṣupati unter dem Namen Jaya Indravarman V. an die Macht. Dies nützte Sūryavarmadeva dazu aus, das Joch Kambodschas abzuschütteln. Er besiegte und tötete nacheinander die beiden Jaya Indravarmans, zuerst den von Vijaya (Raṣupati) und dann den offensichtlich von Jayavarman VII. gegen ihn entsandten Jaya Indravarman oṅ Vatuv. Im Jahre 1192/93 war Sūryavarmadeva somit unumschränkter Herrscher von Campā, und Versuche Jayavarmans VII. in den Jahren 1193/94 und 1194/95, ihn wieder unter seine Botmäßigkeit zu bringen, schlugen fehl. Erst 1203 gelang diesem die Vertreibung Sūryavarmadevas, der – jedoch ohne Erfolg – Asyl beim Kaiser von Đai Viêt suchte. Danach verlor sich seine Spur. Campā war von 1203/04 bis 1220/21 eine Provinz des Reiches von Angkor und wurde von einem Yuvarāja namens oṅ Dhanapatigrāma regiert. Ihm schloß sich bald Prinz Aṃśarāja von Turai-Vijaya an, der ebenfalls am Hofe Jayavarmans VII. erzogen und dort 1201/02 in den Rang eines Yuvarāja erhoben worden war (Inschrift aus Cho Dinh). Dieser Prinz (der 1226/27 als Jaya Parameśvaravarman II. König von Campā wurde) führte dann 1207/08 die kambodschanischen Truppen zusammen mit burmesischen und Thai-Kontingenten gegen Đai Viêt.

Der Machtbereich Jayavarmans VII. erstreckte sich aber auch bis ins südliche Laos jenseits des Mekong (Inschrift von

Sai Fong aus dem Jahre 1186/87), und in seinem 1225 veröffentlichten Werk *Zhufan zhi* («Beschreibung barbarischer Völker») zählt der chinesische Autor Zhao Rugua die Malaiische Halbinsel und Burma zumindest zu den nominellen Vasallen des Khmer-Reiches. Diese Machtfülle wird auch in der Inschrift von Práḥ Khăn (1191/92) behauptet, wo es heißt (Vers CLXVII), daß «täglich das Wasser für die rituellen Waschungen vom Brahmanen Sūryabhaṭṭa, dem König von ‹Java›, dem König der Yavanas (Đai Viêt) und den beiden Königen von Campā gebracht wurde». Die kambodschanischen Inschriften geben keinen Aufschluß über das Todesdatum Jayavarmans VII., aber da die Herrschaft der Khmer über Campā bis zum Jahre 1220/21 andauerte, regierte er möglicherweise noch bis zu diesem Zeitpunkt, was bedeuten würde, daß er ein sehr hohes Alter erreicht hätte.

Jayavarman VII., Buddhist und Bauherr

Jayavarman VII. war wie sein Vater Dharaṇīndravarman II. Buddhist, und sein persönliches Bekenntnis zu dieser Religion kommt überall in seinen Inschriften oder denen seiner Frau und vor allem den zahlreichen Bauwerken zum Ausdruck. Anders als die bisherigen Hindu-Könige fand er «seine Befriedigung in diesem Nektar der Lehre (*śāsana*) des Mondes des Śākya (Buddha) und schenkte das Kostbarste seines Reichtums den (buddhistischen) Mönchen und Brahmanen sowie allen, die ihn um etwas baten ... er verehrte beständig die Füße des Jina», dennoch spielten die Brahmanen weiterhin auch unter ihm eine bedeutende Rolle. Eine Inschrift aus dem Maṅgalārtha-Tempel von Aṅkor Thoṃ vom Anfang des 14. Jahrhunderts berichtet nach der Nennung des Datums (1181/82) von einem Brahmanen namens Hṛṣīkeśa aus Narapatideśa (Burma, wo 1174–1211 König Narapati herrschte), der erfahren habe, daß Kambodscha voll von hervorragenden Kennern des Veda sei, deswegen hierher gekommen sei und von Jayavarman VII. zu seinem Purohita gemacht worden sei. Dennoch gibt es keinen Zweifel an Jayavarmans Hinwendung zum Mahāyāna-Buddhismus und speziell zum Bodhisattva Lokeśvara, d.h. Avalokiteśvara, der gewissermaßen zur persönlichen Schutzgottheit wurde. Er ist der Bodhisattva der Gnade und herrscht (unter dem Buddha des unermeßlichen Lichts, Amitābha) über das westliche Paradies Sukhāvatī. Normale Sterbliche beteten darum, in den Mahāyāna-Gefilden dieses Himmels wiedergeboren zu werden. Er hat zahlreiche Erscheinungsformen und repräsentiert das Mitgefühl; womöglich betrachtete sich Jayavarman VII. selbst als eine mitfühlende Vaterfigur, der sich in seiner Rolle als Bodhisattva sehr stark um das Wohlbefinden all seiner Untertanen kümmert.

Die beeindruckendsten Zeugnisse seines religiösen Wirkens, viele von ihnen noch heute zugänglich, sind Jayavarmans Großbauten. Der Buddhismus mit seinen universellen Werten und seinem Erlösungsanspruch war möglicherweise als ein Programm zur nationalen Wiederaufrichtung und radikalen Erneuerung am geeignetsten. Jedenfalls beseelte das buddhistische Ideal des Bodhisattva, der sich der Wohlfahrt aller denkenden Wesen widmet, das Wesen seiner Regierung. Zu den frühesten seiner Bauten gehört vielleicht Bantãy Kdĕi, ein Tempel, der östlich der Hauptstadt in dem seit altersher bekannten Ort Kuṭī errichtet wurde; unmittelbar östlich davon befindet sich ein herrlicher Teich, der Sras Sraṅ («Königliches Bad») genannt wird. Vermutlich stand dieses Heiligtum mit Pūrvatathāgata, dem «Buddha des Ostens», in Verbindung. Der Rājavihāra, heute Tà Prohm, ist so nahe an Bantãy Kdĕi, daß seine Südwestecke beinahe die Nordwestecke von Bantãy Kdĕi berührt. Er wurde 1186/87 fertiggestellt, um zum einen eine Statue der Königinmutter Jayarājacūḍāmaṇī in Gestalt der Prajñāpāramitā, der buddhistischen Personifikation der Weisheit, in Begleitung von 260 Gottheiten und zum anderen die seines Gurus Jayamaṅgalārtha zu beherbergen. Inschriftliche Hinweise auf Tempelskulpturen und Prozessionen legen nahe, daß diese Vergöttlichungen in (vielleicht bronzenen) beweglichen Statuen (darunter auch die hinduistischer Götter), genannt *utsavamūrti*, versinnbildlicht wurden. Der Rājavihāra war das Zentrum einer gewaltigen religiösen Organisation, die die Einkünfte von 3400 Dörfern zu ihrem Unterhalt erforderte, ein Staat im Staate. Tempelwirtschaften dieser Größenordnung zeigen an, wie wichtig die Stellung der Mönche im wirtschaftlichen und politischen Leben des Landes sein konnte. Im Jahre 1191/92 weihte Jayavarman VII. nördlich der Hauptstadt den Tempel der Jayaśrī, heute Práḥ Khăn, in dem er einen Lokeśvara in Gestalt seines Vaters Dharaṇīndravarman II. mit dem Namen Jayavarmeśvara aufstellte. Zu den kleineren Gebäuden dieses Komplexes gehört der Tempel der Rājyaśrī (heute Năk Păn), der in der Mitte eines künstlichen Sees errichtet wurde; er soll – nach einer Interpretation – den mythischen See Anavatapta repräsentieren, der diejenigen Pilger, die sich dorthin wenden, von Sünden befreit. Bei diesem Heiligtum können sich die Pilger in Wasser waschen, das aus einem zentralen Reservoir in den Grotten auf jeder Seite hervorfließt.

Seit etwa 1190 begann der König mit der Errichtung von Türmen mit menschlichen Gesichtern und wohl noch später mit dem Bau der Tempel von Bantãy Čhmàr und des Bàyon, der das magische Zentrum des gesamten Königreiches und der Hauptstadt bildete und wo die Familienkulte des Königs mit den Kulten der Provinzen zusammentrafen. Dieses große Heiligtum stellte eine konkrete Versinnbildlichung der sakralen Welt dar, einer Welt, die der König in seiner Rolle als Bodhisattva heiligen und retten konnte. Der Bàyon, die Wohnung der Götter, ist ein großer pyramidaler Bau, umgeben von Klöstern und mit Türmen geschmückt, von denen jeder von den gewaltigen Gesichtern des Lokeśvara Samantamukha, «des Weltenherrn, der in allen Richtungen Gesichter hat», überragt wird. In einer Höhlung unter dem Zentralturm wurde in der Neuzeit eine große Buddhastatue gefunden, die unter der Haube einer Nāgaschlange saß; sie ist vier bzw. fünf Meter hoch, wenn man den Sockel mitrechnet. Die inneren und äußeren Galerien des Bàyon sind mit Bas-Reliefs bedeckt, welche nicht nur die Kriegszüge des Herrschers illustrieren, sondern auch tiefe Einblicke in die materielle Kultur und das tägliche Leben der Khmer im 12. und 13. Jahrhundert geben und somit den Bericht des chinesischen Gesandten Zhou Daguan vom Ende des 13. Jahrhunderts ergänzen. Vom Bàyon gehen axial vier Straßen aus, eine fünfte vom Eingang des alten Königspalastes kommt hinzu, die sich nach Osten hin fortsetzt. Diese Straßen führen zu fünf monumentalen Toren, von denen jedes das Hauptmotiv des zentralen Tempels, die Gesichtertürme, wiederholt, deren Köpfe in die vier Kardinalrichtungen blicken. Außerhalb der Tore erreicht man die Stadt über Dämme, die von Balustraden in der Form von Nāgas (Schlangen) flankiert sind.

Zu den zahlreichen religiösen Bauwerken des Königs, die auf der Stele von Práḥ Khăn aufgezählt sind, gehören auch 23 Statuen des glückverheißenden Jayabuddhamahānātha, von denen viele in Städten wie Lopburi, Ratburi, Phetchaburi, Suphan und Mu'ang Sing im heutigen Thailand erhalten sind. Weiterhin nennt die Inschrift 121 «Häuser mit Feuer» (*upakāryāhutabhuja ālayāḥ*), d.h. Rasthäuser: 57 von ihnen lagen auf der Straße von Angkor zur Hauptstadt von Campā, 17 (von denen acht archäologisch nachgewiesen werden konnten) auf der Straße von Angkor nach Phimai, 44 an Straßen, die zu bisher noch nicht identifizierten Städten führten, eins auf der Straße nach Phnoṃ Čisór; zwei weitere ließen sich überhaupt nicht einordnen. Dieses System erregte noch ca. 100 Jahre später die Aufmerksamkeit des Gesandten Zhou

Daguan. Zu dem Bauprogramm gehörte auch die Errichtung von 102 «Hospitälern» (*ārogyaśāla*) in verschiedenen Teilen des Reiches, von denen fünfzehn mit Stelen eines gleichlautenden Sanskrit-Textes, darunter die von Sai Fong, sowie siebzehn weitere identifiziert werden konnten. Diese wurden unter den Schutz des heilenden Buddha, Bhaiṣajyaguru Vaiḍūryaprabha, gestellt.

Kulke sieht den Bau großer Tempel in oder nahe der Hauptstädte als charakteristisch für diese Periode der Reichsbildungen in Südostasien an, die immer mehr zum «Brennpunkt eines magisch-politischen ‹Kraftfeldes›, das vom politischen Zentrum des Königreiches ausging, wurden. Eine Inschrift am Bàyon zeigt, daß Jayavarman VII. die von ihm gegründete Stadt Aṅkor Thoṃ als seine eigene Braut ansah.

Die These, daß der Buddhismus des 13. Jahrhunderts in Kambodscha in beträchtlichem Ausmaß durch die Einwanderung zahlreicher Flüchtlinge vor den muslimischen Verfolgungen im nordöstlichen Indien beeinflußt wurde, geht auf Tāranātha (gest. 1604), den tibetischen Geschichtsschreiber des Buddhismus zurück; er berichtet von buddhistischen Lehrern, die zur Zeit der türkischen Eroberung Bengalens unter anderem nach Kambodscha gingen, und legt damit nahe, daß es einen kulturellen Austausch zwischen Indien und den östlichen Ländern gab. Andererseits begannen die bedeutenden buddhistischen Aktivitäten von Jayavarman VII. bereits viele Jahre vor der Eroberung Bengalens durch die Muslime (ab 1199), so daß man hier schwerlich einen Zusammenhang sehen dürfte. Auch die These von Filliozat, daß von den Flüchtlingen insbesondere der tantrisch-esoterische Buddhismus intensiv praktiziert wurde, muß Spekulation bleiben, da sich diese sehr stark ritualistische Spielart des Buddhismus in Kambodscha bereits seit dem 10. Jahrhundert nachweisen läßt.

Die Dämmerung des Angkor-Reiches und das Auftreten der Thai

Auf die Fülle von Informationen über Jayavarman VII., der den posthumen Namen Mahāparamasaugatapada erhielt, folgt zunächst einmal ein großes Schweigen. Aus vietnamesischen und chinesischen Quellen geht hervor, daß kambodschanische Truppen in den Jahren 1216 und 1218 zusammen mit den verbündeten Cham zum letzten Mal Đai Viêt angriffen und zurückgeschlagen wurden. Diese Nachrichten und die bereits erwähnte wiedergewonnene Selbständigkeit von Campā 1220/21 markieren wohl spätestens das Ende der Herrschaft dieses großen buddhistischen Königs. Es kann nicht völlig ausgeschlossen werden, daß er mehrere Nachfolger hatte, von denen keinerlei Spuren existieren. Über seinen namentlich bekannten Nachfolger Indravarman II. wissen wir nur, daß er im Jahre 1243/44 starb. Auch von der langen Regierungszeit Jayavarmans VIII. (1243/44–1295) ist bis auf die letzten Jahre nur sehr wenig bekannt. Diese Herrscher waren allem Anschein nach keine Buddhisten, sondern Śivaiten.

Das gesamte südostasiatische Festland erlebte in diesem 13. Jahrhundert einen tiefgreifenden politischen, wirtschaftlichen und religiösen Wandel, der hauptsächlich durch die starke Einwanderung der Thai oder Siamesen und ihre Staatsbildungen verursacht wurde. Die in den Inschriften als Syāṃ (Siamesen) bezeichneten Thai treten zuerst im 11. Jahrhundert auf, und in der Südgalerie von Aṅkor Văt ist eine Gruppe von Soldaten abgebildet, die keine Khmer-Kleidung tragen und in zwei kurzen Inschriften als Syāṃ bezeichnet werden. Diese Thai-Gruppen strömten in verstärktem Maße in das kontinentale Südostasien ein und gründeten in der ersten und dann besonders in der zweiten Hälfte des 13. Jahrhunderts eine Reihe von Fürstentümern, die sehr bald Druck auf die Besitzungen des Khmer-Reiches in Sukhodaya und Lavo ausübten und auch das Mon-Reich Haripuñjaya eroberten. Durch ihren Kontakt mit Burmesen und Mon nahmen die Thai den Theravāda-Buddhismus an, der außer in Vietnam und in Malaysia zur dominierenden Religion in Festland-Südostasien werden sollte.

Einen weiteren Machtfaktor stellten die Mongolen dar, die nach der Eroberung von Dali (Hauptstadt des Reiches Nanzhao in Yunnan) am 7. Januar 1253 ihrerseits Druck auf die Thai ausübten. Im Jahre 1282 fielen dann mongolische Truppen unter General Sogatü in Campā ein. Nach Zhou Daguan entsandte Sogatü von dort aus einen «Hauptmann mit einem Tigerabzeichen und einen Zehntausendschaftsführer mit einer Goldtafel» nach Kambodscha, die aber gefangengenommen wurden und niemals zurückkehrten. Dennoch schickte Kambodscha im Jahre 1285 an Qubilai Qan eine Tributgesandtschaft. Verwüstet wurde das Land jedoch durch Kriege mit den Thai, wie aus dem Bericht des Zhou Daguan hervorgeht. Jayavarman VIII., der noch unter dem Datum des 28. April 1295 genannt wird, dankte noch im gleichen Jahr zugunsten seines Schwiegersohnes Śrīndravarman ab (Inschriften vom Maṅgalārtha-Tempel und von Aṅkor Văt vom Beginn des 14. Jahrhunderts). Der neue Herrscher Śrīndravarman preist in einer Inschrift des Tempels von Īśvarapura (Bantāy Srĕi) aus dem Jahr 1304/05 seine eigene Thronbesteigung. Den alten König ehrende Inschriften sind nicht entdeckt worden, aber nach Zhou Daguan, der im August 1296 als Gesandter des Mongolenkaisers Yesün Temür in Kambodscha eintraf und von dem der Bericht *Zhenla Fengtuji* («Aufzeichnungen über die Gebräuche Kambodschas») stammt, vollzog sich der Machtwechsel dramatischer: «Der neue Fürst ist der Schwiegersohn des alten Herrschers. Ursprünglich war er für die Leitung der Truppen verantwortlich. ‹Als der Schwiegervater starb›, nahm die Tochter heimlich den Degen und gab ihn ihrem Gatten, so daß der richtige Sohn nicht die Nachfolge antreten konnte. Dieser zettelte eine Verschwörung an, um Truppen zu gewinnen, aber der neue Fürst erfuhr davon, schnitt ihm die Zehen ab und steckte ihn in ein dunkles Verlies». Jayavarman VIII. erhielt den posthumen Namen Parameśvarapada (Inschrift von Īśvarapura); eine seiner Frauen, die Königin Cakravartirājadevī, war die Tochter eines Brahmanen, der zur Zeit Jayavarmans VII. aus Burma gekommen war und den Titel Jayamahāpradhāna erhalten hatte. All diese Inschriften vermitteln den Eindruck einer Renaissance des Hinduismus am Hofe, so auch die Aṅkor Văt-Inschrift, die letzte Sanskrit-Inschrift aus Kambodscha (verfaßt unter dem seit 1327 herrschenden König Jayavarmaparameśvara). Sie berichtet von einem Brahmanen Vidyeśavid, der Nachkomme des in Āryadeśa (Indien) geborenen Brahmanen Sarvajñamuni war; er war es, der Śrīndravarman zum König krönte. Trotz dieses letzten Aufflackerns war die Zeit des Hinduismus wie auch des Mahāyāna-Buddhismus in Kambodscha abgelaufen, was sich schon im Bericht des Zhou Daguan ankündigt.

Der Bericht des Gesandten Zhou Daguan: Alltag in Kambodscha

Dieser beschränkt sich nicht auf die Darstellung der herrscherlichen Sphäre, sondern gewährt ebenso Einblicke in das Leben der einfachen Bevölkerung, ihre religiösen Bräuche und Feste, die sich in vielem doch erheblich von den Religionen der Elite unterschieden. Aber auch vom König wurde geglaubt, er unterhalte eine besondere Beziehung zu einer Schlangengöttin, der eigentlichen Herrin des Landes im goldenen Turm des Palastes:

«Alle Eingeborenen behaupten, daß im Turm ein Geist in Form einer Schlange mit neun Köpfen ist, die Herrin der Erde und des ganzen Königreichs. Dieser Geist erscheint jede Nacht in Gestalt einer Frau. Mit ihr schläft und vereinigt er sich zuerst. Selbst die Frauen des Königs wagen es nicht, den

Turm zu betreten. In der zweiten Wache erst kommt der König heraus und kann dann mit seinen Frauen und Konkubinen schlafen. Wenn der Geist eines Nachts nicht erscheint, bedeutet es, daß für den Barbarenkönig die Zeit zu sterben gekommen ist. Wenn der Barbarenkönig selbst einmal versäumt, nachts in den Turm zu gehen, geschieht mit Sicherheit ein Unglück».

Zhou kennt drei offizielle Religionen: den Brahmanismus, den Śivaismus und den Theravāda-Buddhismus, der während des 13. Jahrhunderts anscheinend besonders unter der einfachen Bevölkerung starken Zuspruch gefunden hatte.

Zhous Interesse erstreckt sich aber auf die unterschiedlichsten Bereiche: Justiz, Königtum, Landwirtschaft finden ebenso Erwähnung wie Vögel, Badesitten, Sklaven, Kleidung und Handel sowie die Stadt Angkor selbst und ihre Bauten. Die Anzahl der Sklaven muß beträchtlich gewesen sein, weil außer den sehr armen Familien praktisch jeder Sklaven besaß, manche sogar mehrere hundert. Diese rekrutierten sich aus Angehörigen der Bergstämme, die gefangengenommen wurden: «Sie dürfen sich nur unter dem Haus hinsetzen und schlafen. Zum Dienst können sie in das Haus hochkommen, müssen sich aber dann hinknien, die Hände aneinanderlegen und sich verbeugen; danach können sie weitergehen. ... Wenn sie einen Fehler begangen haben und man sie schlägt, neigen sie den Kopf, und erdulden die Auspeitschung, ohne die geringste Bewegung zu wagen. Männer und Frauen paaren sich untereinander, aber niemals würde der Herr Geschlechtsbeziehungen mit ihnen haben wollen». Bei seiner Aufzählung von Festen beschreibt Zhou insbesondere das sogenannte Neujahrsfest am Ende der Regenzeit:

«Vor dem königlichen Palast errichtet man eine große Bühne, die über tausend Personen fassen kann, und man schmückt sie überall mit Lampions, Blumen und derlei Sachen. In einer Entfernung von dreißig Zhang (100 m) gegenüber errichtet man mit zusammengefügten Holzteilen ein hohes Podest – über zwanzig Zhang hoch in der gleichen Form wie die Gerüste für den Bau eines Stūpa. Jede Nacht baut man davon drei, vier oder fünf, sechs. Auf die Spitze werden Raketen und Kracher gestellt. Die Unkosten werden von den Provinzen und den Häusern der Edlen getragen. Wenn die Nacht angebrochen ist, bittet man den Herrscher zu kommen, um dem Schauspiel beizuwohnen. Man läßt die Raketen los und zündet die Kracher an. Man sieht die Raketen auf eine Entfernung von über hundert Li (40 km). Die Kracher sind so groß wie die Steine (der Schleudern), und ihre Explosion erschüttert die ganze Stadt. Beamte und Edelleute steuern Kerzen und Betel dazu bei: ihre Ausgaben sind beträchtlich. Der Herrscher lädt auch die ausländischen Botschafter zum Schauspiel ein. So geht es fünfzehn Tage lang, danach ist alles zu Ende. Jeden Monat gibt es ein Fest».

Der Handel lag offensichtlich in den Händen von Frauen:

«In diesem Land sind es die Frauen, die sich auf den Handel verstehen. Wenn daher ein Chinese, der dort unten gerade angekommen ist, sich zuallererst eine Frau nimmt, dann deswegen, weil er überdies auch von ihrem Talent im Handel Nutzen hat. Jeden Tag wird Markt gehalten, der um fünf Uhr morgens beginnt und mittags zu Ende ist. Es gibt keine Läden, wo die Leute auch wohnen; doch sie verwenden eine Art Matte, die sie auf der Erde ausbreiten. Jeder hat seinen Platz. Ich habe gehört, daß man dafür den Behörden Pacht bezahlt. Bei kleinen Geschäften zahlt man in Reis, Getreide und chinesischen Gegenständen; danach kommen die Stoffe; in großen Geschäften verwendet man Gold und Silber.»

Eine gewisse Rückständigkeit hebt Zhou im Zusammenhang mit den Kleidungsstücken hervor, weil die Einheimischen weder Seidenraupen noch Maulbeerbäume kennen und auch mit dem Webstuhl nicht vertraut sind, die Thai ihnen in dieser Hinsicht überlegen sind.

IV. Kambodscha zwischen dem 14. und 19. Jahrhundert

Vom Angkor-Reich zur Monarchie am unteren Mekong

Die letzten inschriftlichen Zeugnisse

Nach der in Pāli verfaßten Inschrift aus Kôk Svày vom 22. Dezember 1308 dankte Śrīndravarman 1307/08 zugunsten von Indrajayavarman ab. Die Sprache dieser Inschrift, die von der Gründung eines buddhistischen Klosters und einer Buddhastatue im Jahre 1309 berichtet, gehört zu den ersten Hinweisen auf den wachsenden Einfluß des Theravāda-Buddhismus auch am Königshof. Der neue Herrscher erbaute zu Ehren des Brahmanen Maṅgalārtha, der mit 104 Jahren starb, den nach ihm benannten Tempel. Sonst ist aus seiner Regierungszeit nur die Ankunft einer chinesischen Gesandtschaft im Jahre 1320 bekannt, die den Auftrag hatte, in Kambodscha zahme Elefanten zu kaufen.

Nach einer Inschrift des Bàyon vom September 1327 wurde im selben Jahr Jayavarmaparameśvara (Jayavarman IX.) König, von dem die bereits erwähnte letzte Sanskrit-Inschrift Kambodschas stammt. Es ist nicht bekannt, wie lange er regierte, aber zweifellos war er es, der 1330 eine Gesandtschaft nach China schickte. Er ist keinesfalls der letzte in Angkor regierende kambodschanische König, aber der letzte, von dem für einen längeren Zeitraum Inschriften existieren.

Die Quellenlage zur Geschichte Kambodschas zwischen dem 14. und dem Anfang des 16. Jahrhunderts ist als äußerst dürftig zu bezeichnen. Eigene Inschriften aus diesem Zeitraum existieren nicht, und eine Inschrift aus Campā und einige aus Thailand geben nur begrenzten Aufschluß. Zwei Thai-Chroniken aus dem 17. Jahrhundert enthalten zwar viele Informationen, sind aber nicht immer zuverlässig. Die im 19. und 20. Jahrhundert entstandenen kambodschanischen Chroniken haben eher folkloristischen Charakter und lehnen sich stark an die Traditionen der Thai-Chroniken an; ihre Angaben sind für die Zeit vor dem 16. Jahrhundert sehr unzuverlässig. Ein wichtiges Korrektiv für jenen Zeitraum bilden die chinesischen Gesandtschaftsberichte, die ein Bild reger Handelstätigkeiten für die zweite Hälfte des 14. Jahrhunderts vermitteln.

Gerade letztere verdienen besondere Aufmerksamkeit, weil sie auf das enorme Anwachsen des internationalen Handels hinweisen, der insbesondere durch das Interesse der frühen Ming-Dynastie an der Außenwelt angeregt wurde. Seine Auswirkungen auf Südostasien zeigten sich darin, daß erneut die Handelshäfen an den Küsten oder in deren Nähe zu wichtigen Machtzentren wurden, viel mehr als die im Land liegenden Hauptstädte. Damit einher gingen kulturelle und soziale Veränderungen wie etwa die Ausbreitung des Theravāda-Buddhismus mit seiner egalitären Ethik. In Kambodscha erfolgte der Wechsel der Hauptstadt von Angkor zu den weiter südlich gelegenen Machtzentren erst nach einer längeren Übergangsphase, die von Thai-Angriffen gegen Angkor und der zeitweiligen Besetzung der alten Metropole durch das expandierende Thai-Königreich von Ayudhyā geprägt war.

Die gesamte auf den relativ späten Chroniken aufbauende

Chronologie des 14. und 15. Jahrhunderts wurde von Wolters mit den Angaben der Chinesen über die Gesandtschaften kambodschanischer Könige an den Hof der Ming-Dynastie verglichen. Die Diskrepanzen lassen sich dadurch erklären, daß die Chroniken bei ihren Jahresangaben auch die Bezeichnungen des sich alle 12 Jahre wiederholenden chinesischen Tierkreiszyklus verwendeten, sich aber offensichtlich in vielen Fällen um 1–3 Zyklen (d.h. 12, 24 oder 36 Jahre) geirrt haben. Demzufolge haben die Thai Angkor erst später als in ihren Chroniken angegeben das erste Mal besetzt, weil im Bericht über die erste Tributgesandtschaft eines kambodschanischen Königs an den Ming-Kaiser vom 14. Dezember 1371 dieser König als der Bashan-König Huerna bezeichnet wird, was impliziert, daß dieser nicht in Angkor, sondern in Basan (Bashan) residierte, während spätere Herrscher wieder den Titel «Könige von Kambodscha» (Kambujādhirāja) tragen. Das bedeutet, daß der König Nippăn Bat der Chroniken mit diesem Huerna identisch und erst um 1360 (und nicht 1346) Herrscher geworden ist. Das als Zeitpunkt der Besetzung Angkors durch die Thai genannte «Hahnenjahr» entspräche somit 1369 (und nicht etwa 1357 oder gar 1345); dadurch wurde Basan (Srĕi Santhor/Prov. Kŏṃpoṅ Čàm) vorübergehend Hauptstadt. Der nächste kambodschanische König, dessen Tributgesandtschaft am 6. Januar 1378 in China eintraf, war wahrscheinlich der aus den Chroniken bekannte Gămkhăt, der demach spätestens 1377 König geworden war und dessen zweite Tributgesandtschaft vom 13. Oktober 1383 datiert; weil aber eine im Oktober 1386 entsandte chinesische Gesandtschaft nach Kambodscha von einem neuen König namens Baopiye empfangen wurde, der wohl mit Dhammaśokarāja (Dhammarāja I.) identisch ist, muß sein Vorgänger zwischen 1383 und 1386 verstorben sein. Dies illustriert treffend die Unsicherheiten der aus der Historiographie gewonnenen Angaben.

Die Entsendung von drei Gesandtschaften im Jahre 1389 (20. Mai, 20. September und 19. Oktober) ist wohl als Indiz für die zweite Besetzung Angkors durch die Thai zu bewerten, während die Hauptstadt im Jahre 1405 wieder Ziel einer chinesischen Gesandtschaft war. Ein weiterer, von den Chinesen Popiya genannter Herrscher entsandte 1404 an den neuen chinesischen Kaiser Zhu Di (*Yongle*) eine Gesandtschaft, aber bereits am 10. August 1405 gab dessen Sohn Pingya am Kaiserhof den Tod seines Vaters bekannt. Popiya ist vermutlich mit Bāñā Yat identisch, der sich auch Sūryavarman III. nannte (nach der Chronik *Vāṃn Juon* soll er 1417–1463 regiert haben, nach anderen 1384–1433 oder 1314–1401). Pingya, dessen letzte Gesandtschaft vom 5. April 1419 datiert, wäre demnach identisch mit Nrāyaṇarāja (regierte möglicherweise 1404–1428). Die Datierung der folgenden Herrscher Śrī Rāja (1428–1444) und Dhammarāja II. (1444–1486) durch Wolters sind allenfalls Näherungswerte. Die Chroniken berichten, Dhammarāja II. habe gegen seinen Vater Śrī Rāja rebelliert, der dann an den Thai-Hof nach Ayudhyā floh. Dhammarāja II. mußte selbst einen Aufstand seines älteren Bruders bekämpfen und rief zu diesem Zweck die Thai zu Hilfe; nach den Chroniken geschah dies im Affenjahr 1476, aber Wolters korrigierte dies in das Affenjahr 1452, ein Jahr, in dem der Königshof eine Gesandtschaft nach China schickte.

Angkor wird aufgegeben: Neue Machtzentren am unteren Mekong

Trotz dieser Unsicherheiten in bezug auf die Ereignisgeschichte ist es sicher, daß sich im 15. Jahrhundert der Wechsel der Hauptstadt von Angkor nach Phnom Penh (Phnoṃ Péñ) vollzog. Dies geschah wohl kaum – jedenfalls nicht in erster Linie – aufgrund der exponierten Stellung Angkors in relativer Nähe zum Thai-Reich Ayudhyā, sondern hauptsächlich wegen der stärker in den Vordergrund tretenden Handelsinteressen, für die unter anderem auch die zahlreichen Gesandtschaften nach und von China zwischen 1371 und 1419 ein beredtes Zeugnis ablegen. Daraus und aus der Hinwendung zum Theravāda-Buddhismus erklärt sich wohl, warum in Angkor nach 1327 keine Inschriften und Steintempel, die äußeren Merkmale einer brahmanischen Bürokratie, mehr entstanden. So könnte man zwar von einem «Niedergang der Stadt Angkor» sprechen, aber keinesfalls von einem Niedergang des Königreiches Kambodscha, auch wenn es seine ehemals imperiale Ausdehnung verloren hatte. Phnom Penh wurde offensichtlich wegen seiner vorzüglichen Lage am Zusammenfluß von Mekong und dem Tonle-Sap-Fluß (der sich dann in den gleichnamigen See ergießt) als Hauptstadt ausgewählt. Eine befestigte Stadt (Čadŏmukh – «Vier Gesichter») an dieser Stelle kontrollierte den Flußhandel mit Laos und auf dem Tonle Sap und war vor allem wegen der größeren Nähe zum Ozean für den Überseehandel geeigneter. Ausländische Händler wie Malaien, Chinesen und Vietnamesen, die sich zum Teil auch in Kambodscha niederließen und in die kambodschanischen Eliten einheirateten, spielten zunehmend eine Rolle. Die stärkere Präsenz der Vietnamesen ist u.a. auch auf die Eroberung von Vijaya (1471), der Hauptstadt von Campā, durch das vietnamesische Reich Đai Viêt zurückzuführen. Das bedeutete das Ende des Großreichs der Cham, deren Reststaat sich fortan südlich davon auf einen schmalen ungastlichen Küstenstreifen beschränkte.

Kambodscha als Handelsmacht: Die Ankunft der Europäer

Ab 1512 sind die chronologischen Angaben zuverlässiger; außerdem kommen als weitere Informationsquellen auch Inschriften und Berichte von Europäern hinzu, zunächst der

Portugiesen, die sich bald nach der Entdeckung des Seeweges nach Indien (1498) in Goa (1510), aber auch weiter östlich in Malakka (1511) festsetzten. Einer der ersten dieser Berichte ist die zwischen 1512 und 1515 verfaßte *Suma Oriental* des Tomé Pires. Dieser beschreibt Kambodscha als ein kriegerisches Königreich, das niemandem untertan und für die Fülle der Produkte, die man dort erwerben kann, bekannt ist; seine Aussagen beruhen jedoch nicht auf eigener Anschauung. In die erste Hälfte des 16. Jahrhunderts fällt dann auch die Episode des von dem Usurpator Kan gestürzten Königs Aṅ Căn (Candrarāja), der sich zur Wiedergewinnung seines Thrones Hilfe von den Thai aus Ayudhyā holte und nach seinem Sieg Lovek zur neuen Hauptstadt machte. Nach einer einheimischen Chronik errichtete Aṅ Căn 1533 im angkorischen Heiligtum von Phnoṃ Bàkhèṅ eine Buddhastatue, der Bericht des Portugiesen Diego do Couto (1599) und die inschriftlichen Belege weisen jedoch auf eine spätere Wiederbenutzung von Angkor hin.

Der Einfluß des Theravāda-Buddhismus war so groß, daß der 1556 aus Malakka an den Hof von Aṅ Căn in Lovek gekommene portugiesische Dominikaner Gaspar da Cruz missionarisch nicht viel ausrichten konnte. Der König erscheint bei ihm als derjenige, der die letzte Verfügungsgewalt über den Besitz seiner Untertanen hatte, denn wenn ein Hausbesitzer starb, fiel alles an den König, und daher versuchten die Hinterbliebenen, möglichst viel zu verbergen. Derartige Maßnahmen dienten offensichtlich dazu, die Macht des Königs gegenüber der Elite zu stärken. Es war wohl auch Aṅ Căn, der nach Diego do Couto im Jahre 1550 oder 1551 Angkor wiederentdeckte. Eine der frühesten Inschriften des Práḥ Pān, der mit Fenstern versehenen Galerie im ersten Stock des Tempels von Aṅkor Văt, datiert vom 13. Juni 1561[17] und berichtet von einem Würdenträger, der zur Verehrung der buddhistischen Heiligen hier eine Stiftung hinterließ. Die

Inschrift vom 11. März 1574 aus einem Kloster beim Tempel von Văt Bàti (südlich von Phnom Penh) erwähnt ebenfalls fromme Stiftungen. Vom 29. Juni 1577 datiert eine Inschrift vom Pākāṇ, der Galerie des dritten Stockwerkes von Aṅkor Văt, in der die Königinmutter Mahākalyāṇī Śrīsujātā, die Restaurierungen an Aṅkor Văt (*braḥ biṣṇulok*) vorgenommen hat, die Bitte ausspricht, immer als hohe Persönlichkeit mit guten Eigenschaften wiedergeboren zu werden: Bei der Ankunft des Bodhisattva Āryamaitreya (der zukünftige Buddha Maitreya) wünscht sie, dessen männlicher Laienanhänger zu sein und gleichzeitig mit ihm ins Nirvāṇa einzugehen. Dies ist eines der vielen bemerkenswerten Dokumente für die Laienfrömmigkeit im Theravāda-Buddhismus.

Aber erst mit Aṅ Căns Enkel Jayajeṭṭha I. (auch Saṭṭhā I. genannt), der 1579 seinem Vater Paramarāja II. auf den Thron folgte, nimmt die Zahl der Inschriften an den alten Heiligtümern in Angkor und an anderen Orten wieder zu. In einer Inschrift aus Phnoṃ Bàkhèṅ vom 12. Juni 1583 wird dieser Herrscher im Zusammenhang mit der Restaurierung von Buddhastatuen genannt. Von einer weiteren Maßnahme dieser Art berichtet die Inschrift von Práḥ Thom in den Kulên-Bergen vom 21. Oktober 1586. Im selben Jahr krönte Jayajeṭṭha I. nach den Chroniken seine Söhne Cĕi Jeṭṭha (11 Jahre) und Bañā Tan (6 Jahre) ebenfalls zu Königen. Diese Entscheidung führte zu Kämpfen zwischen verschiedenen Hofcliquen und schließlich zur Intervention des Thai-Königs Naresuen, der nach der Inschrift von Văt Roṃlŏk (Prov. Tà Kèv) vom 11. Mai 1590 am 11. Januar 1587 mit der Belagerung von Lovek (Loṅvek) begann, sie aber ergebnislos abbrechen mußte. Damit waren die Turbulenzen jedoch keineswegs zu Ende, denn 1592/93 erfolgte erneut eine Invasion der Thai. In dieser Situation versuchte der schon länger im Land ansässige, mit einer Prinzessin verheiratete spanische Glücksritter Blas Ruiz Waffenhilfe aus dem spanischen Manila zu erhalten.

Dafür sollte sich König Jayajeṭṭha I. zum Christentum bekehren. Doch die Ereignisse überschlugen sich: 1594 eroberten die Siamesen Lovek, der König floh nach Laos, sein Bruder Śrī Suriyabarṇ wurde nach Ayudhyā gebracht, und ein Usurpator namens Rām Mahāpabitr̥ übernahm die Macht. Kurze Zeit darauf wurde dieser von dem 1596 zurückgekehrten Blas Ruiz zusammen mit Diego Belloso in einem Handstreich überrumpelt und getötet. Dann begaben sich die spanischen Abenteurer nach Laos, erfuhren dort aber, daß Jayajeṭṭha I. und sein ältester Sohn inzwischen gestorben waren, und sie überredeten daher den zweiten Sohn Bañā Tan (Paramarāja II.), um den Thron von Kambodscha zu kämpfen. Während dort der Sohn des Usurpators Rām von einem der Mächtigen des Reiches, dem «Lakṣamaṇa», sowie von muslimischen Malaien und Cham sowie einigen Chinesen und Japanern unterstützt wurde, hatte Paramarāja II. nur eine Handvoll Portugiesen und Spanier und die meisten in Kambodscha ansässigen Japaner auf seiner Seite. Letztere waren zwar mit Hilfe spanischer Verstärkung aus Manila erfolgreich, aber schon 1598 wurden diese Streitkräfte abgeschlachtet und sowohl Ruiz und Belloso als auch König Paramarāja II. getötet. Von einer weiteren militärischen Intervention nahmen die Spanier aufgrund ihrer kriegerischen Verwicklungen in Europa und eines befürchteten Aufstandes der Chinesen auf den Philippinen Abstand. Nach langen, insgesamt drei Jahre dauernden Wirren setzte sich der seit der Eroberung von Lovek durch die Thai in Ayudhyā festgehaltene Śrī Suriyabarṇ 1603 endgültig durch und wurde unter dem Namen Paramarāja III. König.

Im Bewußtsein des späteren Kambodscha war die Eroberung von Lovek durch die Thai im Jahre 1594 ein schwerer Schock, wie aus den im 19. und 20. Jahrhundert entstandenen Chroniken hervorgeht. Tatsächlich hatte diese Niederlage im Gegensatz zu vielen späteren noch keine nachhaltigen Konsequenzen. Kambodscha erscheint vielmehr am Ende des 16. und das ganze 17. Jahrhundert über als eine blühende Handelsnation, was auch durch europäische Berichte hervorgehoben wird. Darin werden die Wohnviertel der ausländischen Kaufleute in Lovek beschrieben, zu denen Chinesen, Japaner, Vietnamesen, Araber, Spanier und Portugiesen genauso zählten wie Cham, Malaien und Händler aus dem indonesischen Archipel; im 17. Jahrhundert gesellten sich noch Kaufleute aus Holland und England hinzu. Diese Händler arbeiteten mit dem König oder anderen Mitgliedern der königlichen Familie und ihnen nahestehenden Beamten zusammen. Der spanische Missionar Gabriel Quiroga de San Antonio schrieb 1604 einen Bericht über das Königreich Kambodscha (*Breve y verdadera relación de los successos del Reyno de Camboxa*), in dem er den Reichtum des Landes betonte und die dort verfügbaren Güter wie Gold, Silber, Edelsteine, Seiden- und Baumwollgewänder, Räucherwerk, Lack, Elfenbein, Reis, Früchte, Elefanten, Büffel und Rhinozeroshörner (diese besonders als Aphrodisiaka beliebt) aufzählte.

Diese Handelsbeziehungen florierten zwar noch das ganze 17. Jahrhundert, aber bereits in den 1620er Jahren kündigten sich Umbrüche an. 1620 etablierte sich im südlichen Vietnam die Dynastie der Nguyên und machte sich von der im Norden Vietnams regierenden Lê-Dynastie unabhängig, gegen die sie jedoch beinahe das gesamte 17. Jahrhundert Krieg führte. Inzwischen hatte in Kambodscha am 16. Februar 1619 König Paramarāja IV. (Śrī Suriyobarṇ) abgedankt. Der neue König Jayajeṭṭha II., der seine Residenz nach Udong (zwischen Phnom Penh und Lovek) verlegte, heiratete 1620 eine vietnamesische Prinzessin, die Tochter von König Nguyên Ph'uó'c-Nguyên (Chúa Sãi). Die mit großem Pomp gefeierte Hochzeit hatte weitreichende Konsequenzen, weil in deren Gefolge 1623 vietnamesische Handelsagenten ein Warenhaus in Prei Nokor (dem späteren Saigon [Sài Gón]) errichten durften. Damit waren die Vietnamesen in die Nähe des Mekong-Deltas und seiner fruchtbaren Ebenen gelangt, wo es zahlreiche Mangrovenwälder und Kanäle gab. Während der Kriege zwischen den Nguyên und den im Namen der Lê-Dynastie regierenden Trinh ließen sich viele durch Hunger und Not vertriebene Vietnamesen in diesem Gebiet nieder, dessen Boden, auf dem sich nur wenige Khmer befanden, landwirtschaftlich erschlossen wurde. Ihnen schlossen sich Verbannte, Vagabunden und Deserteure an, die zwei Kolonien gründeten, eine in Mô-xoài (Ba-ria) und eine in Đông-nai (Biênhòa).

Vietnam rückt näher

Diese größere geographische Nähe der Nguyên zu Kambodscha sollte sich bald als folgenschwer erweisen. Im Januar 1642 kam Rāmādhipati I. (Rāma Thupdey I.) durch einen Staatsstreich an die Macht. Dieser König, der eine junge Malaiin heiratete, sich zum Islam bekannte und dann den Namen Ibrāhīm annahm, umgab sich bald mit malaiischen und javanischen Einwanderern. Möglicherweise auf deren Betreiben wurde im September 1643 Pierre de Regemortes, der Leiter der holländischen Faktorei in Phnom Penh, mit seinen Angestellten umgebracht und die Handelsniederlassung geplündert. Darauf beschloß die Vereenigde Oostindische Companie am 23. März 1644 eine Strafexpedition unter Admiral Hendrik Harouze, deren Angriff auf Phnom Penh am 22. Juli 1644 zurückgeschlagen wurde. 1646 ließ der König die holländischen Gefangenen frei und gab die beschlagnahmten Güter zurück. 1655 wurde schließlich mit der holländischen Kompanie ein Vertrag geschlossen, durch den man Wiedergutmachung für die angerichteten Schäden leisten wollte. Inzwischen schürten rivalisierende Prätendenten den Unmut der sich zurückgesetzt fühlenden Buddhisten, und in den

1650er Jahren wandte man sich an die Nguyên um Hilfe im Kampf gegen den König, «der eine andere Religion gewählt hatte». Vietnamesische Truppen besiegten im Jahre 1658 im Zusammenspiel mit lokalen Kräften aus dem östlichen Kambodscha den muslimischen Monarchen, der in einem Käfig nach Vietnam geführt wurde, wo er 1659 starb. Diese erste militärische Intervention der Vietnamesen in Kambodscha mutet wie ein Vorspiel zu den vielen folgenden an und beseitigte das Gleichgewicht der Kräfte auf Dauer nachhaltig zuungunsten Kambodschas.

Unter dem von den Vietnamesen installierten König Paramarāja IV. (1658–1672) wurde der holländische Handelsposten in Phnom Penh aufgelöst, doch die Angestellten der Kompanie wurden bei Ankunft des holländischen Schiffes Schelvisch am 9. Juli 1667 von Chinesen massakriert. Dieses Ereignis kündigte das Ende der überseeischen Handelsbeziehungen an. Nach einer kurzen Herrschaft von Padumarāja II. brach 1674 ein neuer Thronfolgekrieg zwischen dem von Siam unterstützten Aṅ Tan' und dem sich auf Vietnam stützenden Aṅ Non aus. Zwar gelang es Aṅ Tan' zunächst, Aṅ Non zu vertreiben, die Nguyên mischten sich jedoch ein und besetzten Prei Nokor und Phnom Penh, so daß Aṅ Tan' in die Wälder flüchten mußte, wo er starb (19. April 1674). Gegen die Herrschaft Aṅ Nons erhob sich aber im Dezember 1674 ein Nachkomme von Rāmādhipati I. namens Aṅ Sūr, der sich in Udong unter dem Namen Jayajeṭṭha III. krönen ließ und zunächst bis 1695 regierte. Die Nguyên setzten Aṅ Non trotzdem in Prei Nokor als Vizekönig ein und erhoben von beiden kambodschanischen Fürsten Tribut. Der sogenannte «Marsch nach Süden» der Vietnamesen wurde durch Ereignisse, die mit dem politischen Schicksal Chinas verbunden sind, noch beschleunigt. Die Ming-Dynastie war 1644 von den Manchuren gestürzt worden, die sich bereits 1636 als Dynastie Qing etabliert hatten. Aber erst 1659 wurden die

«Südlichen Ming» niedergerungen, und der ehemalige Ming-General Wu Sangui konnte der Qing-Herrschaft noch bis 1678 Paroli bieten. Nachdem die Mehrheit der Ming-Loyalisten die Hoffnung auf eine Restauration der gestürzten Dynastie aufgegeben hatte, erschien 1679 eine Flotte von 50 chinesischen Dschunken mit den Ming-Generälen Yang Yandi und Chen Shangchuan an Bord vor dem vietnamesischen Hafen Đà-nẵng, die die Nguyên zusammen mit 3000 Soldaten um Asyl baten. Kaiser Nguyên Ph'uó'c-Tân (1648–1687) schickte sie weiter nach Süden in das Gebiet des Aṅ Non. Als sie an der Mündung des Mekong ankamen, teilten sie sich: Yang folgte einem der Flußarme und ließ sich in Mỹtho nieder, während die anderen unter Chen den Đông-nai bis nach Ban-lân (Biên-hòa) segelten. Zum Teil widmeten sich die Einwanderer dem Handel, zum Teil der Landwirtschaft. Im Jahre 1688 wurde Yang Yandi jedoch von seinem Stellvertreter Huang Jin ermordet, der sich selbständig machte, am Fluß eine Festung erbaute und Abgaben vom Schiffshandel der Khmer erhob. König Jayajeṭṭha III. ließ nun seinerseits Festungen erbauen und verweigerte den Nguyên den Tribut. Auf Ersuchen Aṅ Nons entsandte jetzt der neue Kaiser Chúa Ngãi (Nguyên Ph'uó'c-Trăn, 1687–1691) Truppen gegen Huang Jin, der getötet wurde, während man dessen Leute Chen Shangchuan unterstellte. Danach eroberten die Vietnamesen auch Phnom Penh und zwangen Jayajeṭṭha III. erneut zur Tributzahlung. Als Aṅ Non im Jahre 1691 starb, setzten die Nguyên keinen Nachfolger ein, sondern wandelten diese bisher kambodschanischen Territorien in vietnamesische Provinzen (*đinh*) um, setzten Beamte ein und errichteten Garnisonen. Weitere Maßnahmen zur Anbindung der neuen Provinzen an ihren Staat bestanden in der Ansiedlung armer Leute und Vagabunden, der Gründung von Dörfern, der Erstellung von Katastern und Erhebung von Steuern. Damit gingen diese fruchtbaren Gebiete für Kambodscha endgültig verloren. Erst mit jener im letzten Viertel des 17. Jahrhunderts einsetzenden Entwicklung kann man vom beginnenden Niedergang des Landes sprechen.

Chandler hat in seiner Darstellung der Geschichte Kambodschas im 17. Jahrhundert die durch die Chroniken Kambodschas, Siams, Vietnams sowie europäische Quellen überlieferte Realgeschichte mit den Idealen des *Rāmkĕr*, der kambodschanischen Bearbeitung des altindischen Epos *Rāmāyaṇa*, kontrastiert. Dieses enthält nur einige der im indischen Original berichteten Ereignisse, viele von ihnen wurden verändert, um in den vom Theravāda-Buddhismus und der Khmer-Gesellschaft vorgegebenen Rahmen zu passen. Deshalb sind das Verhalten, die Sprache und die Ideale des *Rāmkĕr* dem Empfinden des kambodschanischen Volkes angepaßt, das zusammenkam, um der Erzählung zu lauschen oder an seinen Aufführungen mit Tanz und Musik teilzunehmen. Was möglicherweise so viele in seinen Bann schlug, war die Eleganz, mit der der Konflikt zwischen Gut und Böse dargestellt wurde, der zum einen Wertvorstellungen des Theravāda hervorhob, zum anderen die überkommene Hierarchie und den Status quo verteidigte und zudem den Kontrast zwischen dem «Wilden» und dem «Zivilisierten» betonte. Aber wie im indonesischen Epos liegen Gut und Böse beständig im Krieg und häufig ist das Böse siegreich, jedoch halten sich grundsätzlich die beiden Kräfte die Waage. Die Hauptakteure werden niemals vernichtet, Gut und Böse müssen überleben, weil das eine ohne das andere nicht existieren könnte.

Triumph des Traditionalismus

Trotz der größeren Bedeutung des Landes als Handelsmacht im 16. und 17. Jahrhundert blieb die Gesellschaft hierarchisch organisiert, an deren Spitze einige tausend privilegierte Männer und Frauen standen, während die große Masse der Bevölkerung weiterhin aus Reisbauern bestand. Die turbulenten Ereignisse der Außenpolitik kontrastieren stark mit den Inhalten der Angkor-Inschriften des 17. und beginnenden 18. Jahrhunderts, die wie bereits in den vorangegangenen Epochen von den Karrieren bedeutender Beamter, ihren Stiftungen und den damit verbundenen Hoffnungen für zukünftige Existenzen berichten. So möchten z. B. Mönche, falls sie als Laien wiedergeboren werden, schöne Frauen haben (Inschrift vom 20. Februar 1628), und in einer der letzten großen Inschriften vom 23. Februar 1702 wird unter anderem der Wunsch zum Ausdruck gebracht, in einem künftigen Leben eine ganz bestimmte Frau als Gattin zu bekommen. Wie ein roter Faden durchzieht alle diese Inschriften das Gefühl der Unbeständigkeit der menschlichen Existenz, ein Grundtenor der frühbuddhistischen und auch der Theravāda-Lehre, und gleichzeitig der Wunsch, doch etwas Beständigkeit in diesen Kreislauf der Existenzen hineinzubringen. Daher nahm man auch Abstand von den großen Tempelbauten der Angkor-Zeit, nutzte aber dennoch diese Monumente der Vergangenheit für die eigenen religiösen Zwecke, indem man an ihnen Inschriften anbrachte oder in ihrer Nähe Klöster erbaute.

Kambodscha zwischen Vietnam und Thailand

Vietnams Vorstoß zum Golf von Thailand

Mit dem Beginn des 18. Jahrhunderts hatte die vietnamesische Nguyên-Dynastie ihren Machtbereich bis zum Mekong-Delta ausgedehnt. Ihr weiteres Vordringen nach Westen wurde durch die ständigen kambodschanischen Thronstreitigkeiten und die Städtegründungen am Golf von Thailand eines chinesischen Unternehmers namens Mak Kau (Mac Cu'u) aus Guangdong, der ebenfalls vor den Qing geflohen war, begünstigt. Dieser hatte sich im Gebiet von Bantãy Mas (Sài-mát) an der Nordostküste des Golfes niedergelassen, einem Gebiet, das damals Treffpunkt von Schmugglern und Piraten aller Nationalitäten war. Mak Kau gelang es, vom kambodschanischen Gouverneur eine Konzession für Glücksspiele zu erhalten, so daß er schnell sehr reich wurde. Seinem Ruf folgten bald Kolonisten in größerer Zahl, und er gründete sieben blühende Niederlassungen in Hà-tiên, Phú-quôc, Long-kỹ, Kampot (Cân-bôt), Vung-tho'm (Kompoṅ Som), Rách-giá und Cà-mau. Gerade zu Beginn des 18. Jahrhunderts wurde Kambodscha aber wieder von dynastischen Krisen erschüttert. Jayajeṭṭha III. hatte 1695 zugunsten seines Neffen Aṅ Yaṅ abgedankt, bestieg aber nach dessen Tod (nach nur 10 Monaten) 1696 erneut den Thron und wurde in Huè vorstellig, seinen Rivalen Aṅ I̭m, den Sohn des 1691 verstorbenen Aṅ Noṅ, nach Kambodscha zurückzusenden, was dann auch geschah. Zur Versöhnung verheiratete Jayajeṭṭha III. eine seiner Töchter 1697 mit Aṅ I̭m, der 1699 auch König wurde, aber 1701 wieder zugunsten seines Schwiegervaters abdankte. 1702 überließ Jayajeṭṭha III. dann den Thron seinem Sohn Dhammarāja IV., übernahm jedoch nochmals 1705–1706 die Herrschaft, um den inzwischen 17jährigen 1706 endgültig zu installieren. Jetzt strebte indes der sich zurückgesetzt fühlende Aṅ I̭m erneut nach der Macht und suchte Unterstützung bei den Nguyên. Angesichts dieser unstabilen Verhältnisse in Kambodscha unterstellte sich Mak Kau im Jahre 1708 dem Nguyên-Kaiser Nguyên Phú'o'c-Chu (1691–1725), der ihn zum Gouverneur der jetzt begründeten Grenzmark Hà-tiên ernannte. Damit gelangte das gesamte Gebiet westlich des Mekong-Deltas bis zum Golf von Thailand unter die Administration der vietnamesischen Nguyên.

Währenddessen gelang es Aṅ I̭m, mit Hilfe vietnamesischer Truppen im Jahre 1714 Dhammarāja IV. zu stürzen, der ins Exil an den Hof von Ayudhyā ging. Der Thai-König

Pumintha Rāja (1709–1733) entsandte darauf 1716 seine Truppen mit dem kambodschanischen Prinzen Aṅ Toṅ gegen Aṅ I̯m, die jedoch nicht viel ausrichten konnten. Schließlich gelang es den Thai aber doch auf Udong vorzurücken, was Aṅ I̯m zu Verhandlungen zwang. Er willigte ein, an Ayudhyā Tribut zu zahlen, wenn dafür Dhammarāja IV. und die Prinzen Aṅ I̯m (ein Namensvetter) und Aṅ Toṅ im thailändischen Exil verbleiben würden. Dieser Status quo, unterbrochen nur von zwei vietnamesischen Invasionen in den Jahren 1731 und 1732, dauerte bis 1737 an: 1722 dankte Aṅ I̯m zugunsten seines Sohnes Aṅ Chi, der sich Sāṭṭhā II. nannte, ab (er kehrte 1729 für kurze Zeit nochmals auf den Thron zurück) und starb schließlich 1736. Nach seinem Tod intrigierten Sāṭṭhās Frau Sijhātā und ihre Verwandten gegen den König, der nach verlorenen Schlachten 1737 in die vietnamesisch beherrschten Teile des Mekong-Deltas floh. Mit Hilfe der Thai kehrte jetzt Dhammarāja IV. nach Jahrzehnten des Exils nach Kambodscha zurück und wählte Phnom Penh zu seiner Residenz. 1739 versuchte er auch, Hà-tiên zurückzuerobern, wurde aber geschlagen. Dessen Gründer, Mak Kau, war 1735 gestorben, aber sein Sohn Mac Thiên-tú' band in der Folgezeit das Territorium durch Neubesiedlung, den Ausbau der Infrastruktur und den Zuzug von Gelehrten fest an das Reich der Nguyên.

Über die Karriere eines Beamten unter der Herrschaft Dhammarājas IV. (1737–1748) gibt die letzte bedeutende Aṅkor Văt-Inschrift vom 14. Dezember 1747 Auskunft. Dhammarājas Tod führte zu neuen Querelen; der Nguyên-Herrscher Võ-vu'o'ng (Nguyên Phú'o'c-khoát, 1738–1765) schickte gegen dessen Sohn Aṅ Toṅ ein Heer, um den 1737 vertriebenen Sāṭṭhā II. wieder auf den Thron Kambodschas zu setzen. Dies gelang auch, aber bereits wenige Monate später wurde Sāṭṭhā II. durch Aṅ Sṅuon, einen anderen Sohn Dhammarājas IV., mit Hilfe der Thai wieder vertrieben

(1749). Aṅ Sṅuon, der sich Jayajeṭṭha IV. nannte, verbündete sich mit den Trinh, den Erbfeinden der Nguyên. Doch wiederum errangen letztere 1755 die Oberhand und eroberten Phnom Penh, so daß Jayajeṭṭha Zuflucht bei Mac Thiên-tú' suchte. In dem jetzt geschlossenen Frieden mußte Kambodscha die Gebiete südlich von Gia-đinh bis zum Mekong abtreten. Herrscher wurde erneut Aṅ Toṅ, der aber 1757 starb. Im Verlauf neuer Auseinandersetzungen konnte sich Aṅ Tân, der Enkel Aṅ Toṅs, mit vietnamesischer Hilfe durchsetzen, mußte dafür jedoch weitere Gebiete abgeben, so daß Châu-đôc vietnamesische Grenzstadt wurde.

Kambodscha wird Vasallenstaat

Bisher waren für die großen Gebietsverluste Kambodschas die massive Durchdringung des Südens von vietnamesischen und chinesischen Kolonisten sowie die administrative Angliederung an das Gebiet der Nguyên verantwortlich. Nach der katastrophalen Niederlage der Thai und der Zerstörung ihrer Hauptstadt Ayudhyā durch die Burmesen im Jahre 1767 erlebte Thailand aber binnen Jahresfrist mit der Persönlichkeit des chinesischstämmigen Generals Phya Taksin eine dermaßen rapide Wiederauferstehung, daß 1771 Hà-tiên erobert und dadurch Mac Thiên-tú' zur Flucht nach Châu-đôc veranlaßt wurde. Sodann forderte der neue Thai-Herrscher Tribut von Aṅ Tân und unterstützte den Thronanspruch des Prinzen Aṅ Non. Aṅ Tân floh nach Vietnam, kehrte aber bereits 1772 mit vietnamesischen Truppen nach Kambodscha zurück, konnte aber nur die Provinzen südlich von Phnom Penh in seine Hand bekommen. Gegen Zahlung eines Tributes gelang es Aṅ Tân, die Thai zum Rückzug zu bewegen, da Aṅ Non jedoch weiterhin im Besitz der mittleren Provinzen war, beschloß Aṅ Tân 1775, zu dessen Gunsten zurückzutreten.

1776 entschied Aṅ Non II., sowohl das Vasallenverhältnis zu Thailand wie das zu Vietnam abzuschütteln. Die Gelegenheit dazu war günstig, weil das Regime der Nguyên durch die gewaltige Volkserhebung der Tây-so'n erschüttert wurde. Daher konnten die Khmer auch einen Angriff der Vietnamesen infolge der Aufkündigung des Tributverhältnisses zurückschlagen. Gegenüber Phya Taksin blieb der kambodschanische König loyal und sandte ihm Hilfstruppen für seinen Feldzug gegen Laos, was aber zu Aufständen in seinem Reich führte, bei denen ein Minister namens Mu eine führende Rolle spielte. Als sich Mu mit vietnamesischen Truppen verbündete, geriet Aṅ Non II. vollends in Bedrängnis und wurde schließlich 1779 ermordet. Gegen Ende desselben Jahres krönte Mu dann den erst sechsjährigen Prinzen Aṅ Eṅ. Die erneute Anlehnung Kambodschas an Vietnam ließ die Thai unter Phya Taksin Anfang 1782 wieder gegen das Land vorgehen, wobei sie bis nach Udong vorstießen und es eroberten. Die Ermordung des größenwahnsinnigen Phya Taksin durch General Čakrī führte schließlich zum Rückzug der Thai aus Kambodscha. Gleichzeitig zogen sich die Vietnamesen nach Annam zurück, weil die Tây-so'n die Zitadelle von Gia-đinh erobert hatten, was Nguyên Ánh, den einzigen überlebenden Prinzen der Nguyên, zur Flucht nach Kambodscha und anschließend zu einem Hilfeersuchen beim neuen thailändischen König Čakrī, der sich jetzt Rāma I. nannte, nötigte. Im Gefolge dieser Interventionen der Thai zugunsten von Nguyên Ánh kehrte auch ein mächtiger Minister namens Bèn im Juli 1782 nach Kambodscha zurück. Dem Machtpoker der Minister fielen schließlich Mu und seine Familie zum Opfer, die massakriert wurden. 1783 war das Land faktisch zwischen Bèn, der den Westen beherrschte, und Tèn, der den Rest des Landes regierte, geteilt. In den beiden folgenden Jahren versuchte nun Nguyên Ánh, mit Hilfe der Thai die Tây-so'n niederzuwerfen, aber die Alliierten erlitten nach anfänglichen Erfolgen eine vernichtende Niederlage, so daß der Nguyên-Herrscher sich zunächst ins Exil nach Bangkok zurückziehen mußte. An diesen Unternehmungen beteiligte sich auch Bèn auf seiten der Thai und Nguyên, während Tèn an den Operationen der zunächst siegreichen Tây-so'n teilnahm. So wurde Kambodscha mehr und mehr zum Schlachtfeld der Machtinteressen von Thai und Vietnamesen und litt unter den Plünderungen und Brutalitäten der fremden Soldaten. Im August 1787 verließ Nguyên Ánh heimlich den Königshof von Bangkok und segelte nach Hà-tiên, von wo er erneut den Kampf gegen die Tây-so'n aufnahm. Wieder wurde er von Bèn unterstützt, dem es gelang, Tèn zu besiegen und in Phnom Penh gefangenzusetzen. Damit war Bèn praktisch zum Herrn Kambodschas geworden und unterstützte weiterhin tatkräftig die Sache der Nguyên, welche 1789 endgültig in den Besitz von Gia-đinh kamen.

Die Herrschaft von Bèn wurde als eine Tyrannei empfunden, weil er nur im Sinne seiner Oberherren, der Thai, regierte. So deportierte er auf Anordnung Rāmas I. im Jahre 1791 zur Zeit der Reisanpflanzung 10000 Männer in die thailändische Hauptstadt, damit diese dort Kanäle gruben und Ziegel zum Bau einer Pagode herstellten. Nach einer volkstümlichen Redensart konnte man in dieser Zeit mit einer faulen Arekanuß zehn Witwen heiraten und mit einem *sliṅ* Geld zehn junge Töchter. Der Thaikönig befürchtete neue Unruhen und beschloß, den seit Jahren im Bangkoker Exil lebenden König Aṅ Eṅ wieder in Kambodscha zu installieren.

Aṅ Eṅ wurde Anfang Mai 1794 in Bangkok gekrönt und trat die westlichen Provinzen, darunter auch Siem Răp mit Angkor, an Rāma I. ab, die aber nach dessen Tod wieder an Kambodscha zurückfallen sollten. 1796 versuchte Aṅ Eṅ vergeblich, die Provinzen zurückzuerhalten, er starb jedoch noch am 28. November des gleichen Jahres. Die Regierungsgeschäfte übernahm der Regent Pok, der 1799 auf Geheiß Rāmas I. kambodschanische Waffenhilfe für Nguyên Ánh in seinem Endkampf gegen die Tây-so'n liefern mußte. Neuer König Kambodschas sollte Aṅ Chan werden, aber seine Krönung erfolgte erst nach dem Tode Poks (13. Juli 1806) am 26. Juli 1806 in Bangkok. Es scheint, daß Aṅ Chan aufgrund seines langen Aufenthaltes in Thailand erhebliche Ressentiments gegenüber den Siamesen hatte. Als Rāma I. 1809 starb, lehnte er die Teilnahme an dessen Leichenverbrennung ab. Zwei seiner Beamten, die dabei zugegen gewesen und zu thaifreundlich eingestellt waren, ließ er ohne Gerichtsverfahren hinrichten. Stattdessen verstärkte er die Beziehungen zu Vietnam, das Nguyên Ánh, der sich jetzt Kaiser Gia Long nannte, 1802 wiedervereinigt hatte. Eine vietnamesische Gesandtschaft bestätigte 1807 Aṅ Chans Einsetzung, und dieser zahlte von da an regelmäßig alle vier Jahre Tribut. Zu seiner eigenen Sicherheit rekrutierte er in Kambodscha ansässige Vietnamesen als seine Leibgarde. Bald indes gab es wieder Thronstreitigkeiten mit seinen drei Brüdern, die nach Bangkok flohen. Thailand, das wegen Aṅ Chans Vietnam-Politik unzufrieden war, schürte 1810/11 einen Aufstand in Kambodscha und sandte Truppen nach Băttaṃbaṅ. 1812 bemächtigten sich die Thai Loveks und Udongs, während Aṅ Chan nach Gia-đinh floh. Infolge des vietnamesischen Protests schickte Thailand eine Gesandtschaft nach Huè mit der Botschaft, man habe lediglich beabsichtigt, den König mit seinen Brüdern zu versöhnen, und erkläre sich darüber hinaus bereit, die eigenen Truppen zurückzuziehen. Gia Long, der vorgab, der Botschaft zu glauben, befahl dem Generalgouverneur von Gia-đinh, Lê Văn-duyêt, mit den Thai-Gesandten auch König Aṅ Chan zurück nach Kambodscha eskortieren zu lassen. Die Thai zogen daraufhin ihre Truppen aus Băttaṃbaṅ zurück. Da die Zitadelle von Phnom Penh wieder aufgebaut worden war, richtete der 1813 nach Kambodscha zurückgekehrte Aṅ Chan dort seine Residenz ein. Im August machte sich Lê Văn-duyêt auf den Heimweg nach Gia-đinh und ließ Nguyên Văn Thuy mit 1500 Mann zum Schutz Kambodschas zurück.

Unter der Vorherrschaft Vietnams

Aṅ Chans Bindung an Vietnam wurde jetzt sehr viel stärker, er mußte zweimal im Monat ein von Huè gestelltes vietnamesisches Beamtengewand anziehen und mit seinem Gefolge einen vietnamesischen Tempel nahe Phnom Penh aufsuchen und sich vor einer Tafel mit dem Namen des vietnamesischen Kaisers verbeugen. Thailand annektierte 1814 zusätzlich zu Siem Răp und Băttaṃbaṅ auch noch die kambodschanischen Provinzen Stŭ'ṅ Trèṅ, Tonle Ropu und Mlu Prei. Nachdem ein kambodschanischer Versuch, den Nordwesten zurückzugewinnen, 1816 fehlgeschlagen war, wurden die dafür verantwortlichen Beamten in Saigon bestraft. Im darauffolgenden Jahr verpflichteten die vietnamesischen Behörden 5000 kambodschanische Arbeiter zur Aushebung bzw. Wiederherstellung des Vĩnh-te-Kanals von Hà-tiên nach Châu-đôc (70 km), eine nach den Chroniken sehr harte Arbeit. Den Berichten über die Fronarbeit folgt in den Texten die Schilderung der antivietnamesischen Rebellion des Mönches Kai, der angeblich über magische Fähigkeiten verfügte, in der Gegend von Bà Phnoṃ. Der Aufstand konnte nur mit Mühe niedergeschlagen werden, und die Berichte sind voll von Folter, Hinrichtungen, Hinterhalten, Massakern und brennenden Dörfern, wobei die Vietnamesen immer als «grausam» beschrieben werden. Über die Haltung des Königs Aṅ Chan wissen wir sehr wenig, aber er stand weiterhin loyal zu Vietnam, auch zum neuen Kaiser Minh Mang (reg. 1820–1841); gleichzeitig unterhielt er Beziehungen zum Hof in Bangkok. Nach der vietnamesischen Chronik *Đai-nam thu'c-luc* war er häufig krank und hielt sich meistens innerhalb des Palastes auf.

Die Beziehungen zwischen Thailand und Vietnam hatten sich nach dem Tod der Gründerfiguren Rāma I. (1809) und Gia Long (1820), die noch persönlich miteinander kooperiert hatten, erheblich verschlechtert. So unterstützte Minh Mang eine Rebellion gegen die Thai in Laos in den Jahren 1824/25. Rāma III. (1824–1851), der dritte Herrscher der Čakrī-Dynastie, half im Gegenzug im Dezember 1833 dem vietnamesischen Rebellen Lê Văn Khôi, der den Süden Vietnams von den Nguyên losreißen wollte. Der König in Bangkok sah darin eine Gelegenheit, dort einen von Thailand abhängigen Tributärstaat zu errichten; dabei spielten auch Handelsinteressen eine bedeutende Rolle, was die Unterstützung dieser Erhebung durch die chinesischen Kaufleute in Vietnam erklärt. Außerdem sprachen sich viele kambodschanische Beamte für eine Rückkehr der Prinzen Aṅ Im und Aṅ Duoṅ aus dem Bangkoker Exil aus.

Fünf Armeekorps sollten unter Führung des berühmten Thaigenerals Phya Bodin gleichzeitig die ganze Grenze von Süden bis Norden angreifen: Hà-tiên, Phnom Penh, Cam-lô, Kam Keut und Trân-ninh. Die Hauptanstrengung richtete sich gegen Kambodscha und den Süden Vietnams, und Phnom Penh fiel Anfang 1834 in die Hände der Thai. Die Reaktion Minh Mangs war energisch: Sein General Tru'o'ng Minh Giang besiegte die Thai am Cô-căng-Fluß und eroberte in einem Monat Hà-tiên und Châu-đôc zurück. Darauf zog er nach Phnom Penh und setzte Aṅ Chan am 13. April 1834 wieder auf den Thron. Von der Khmer-Bevölkerung unterstützt, setzte er seinen Marsch fort und nahm Pursat ein. Die Thai flohen in wilder Auflösung und ließen riesige Mengen an Waffen und Lebensmitteln zurück. Fünf Monate nach Beginn des Feldzugs hatten die vietnamesischen Truppen den Feind überall auf eigenes Gebiet zurückgeworfen. Minh

Mang beauftragte Tru'o'ng Minh Giang, in Phnom Penh zu bleiben, um das Land noch stärker unter die Kontrolle Vietnams zu bringen. Aṅ Chan und die Kambodschaner insgesamt sollten nach den Vorstellungen der Vietnamesen zu bloßen Gehilfen ihrer Politik werden, und die Nichterfüllung übertragener Aufgaben wurde beinahe schon als Verrat angesehen. Gegen Ende des Jahres 1834 wurde Aṅ Chan sogar der Vorwurf gemacht, unter den Einfluß von «Magiern» geraten zu sein, weil an ihn appelliert worden war, sich wieder wie ein traditioneller kambodschanischer König zu verhalten.

Am 7. Januar 1835 starb Aṅ Chan, ohne männliche Nachkommen zu hinterlassen. Deshalb beschloß der Hof in Huè, seine zweite Tochter Aṅ Mei als Königin einzusetzen; zu ihrer Investitur sandte Minh Mang einen Beamten aus Saigon, der in einer eigens dafür erbauten Halle sein Gesicht mit anderen Beamten genauso wie der Kaiser in Huè nach Süden wandte, während die Königin und ihre Schwestern nach Norden zum Investiturschreiben des Kaisers blicken mußten (4. März 1835). Diese Zeremonie entsprach überhaupt nicht der kambodschanischen Tradition, und für die Vietnamesen war die Königin auch nur das zeremonielle Oberhaupt eines Protektorats, denn das Königreich wurde als Provinz Trân-tây-tành dem vietnamesischen Reichsgebiet einverleibt, Phnom Penh als Trân-tây («westliche Kommandatur») bezeichnet. Die Provinzen erhielten ebenfalls vietnamesische Namen. Die Politik der Assimilierung begann sofort mit der Ernennung von zivilen und militärischen Beamten, der Eröffnung vietnamesischer Schulen, der Kontrolle des Handels, der Registrierung des Landbesitzes, der Besteuerung der Registrierten, der Reisfelder, der Binnenschiffahrt und der örtlichen Produkte. Aber noch bis 1839/40 wurde die Verwaltung der Provinzen einschließlich der Anordnung von Zwangsarbeit den kambodschanischen *okya* (Beamten) überlassen. Weil aber die Kambodschaner in den Augen der Vietnamesen nur

Barbaren waren und so viele Probleme verursachten, wollte Minh Mang das Land durch Vietnamesen kolonisieren. Der Kaiser führte seine Pläne in einer Gedenkschrift an Tru'o'ng Minh Giang aus:

> Die Barbaren sind jetzt meine Kinder, und du sollst ihnen helfen und sie unsere Bräuche lehren ... Ich habe zum Beispiel gehört, daß das Land reich und fruchtbar ist, und daß es dort viele Ochsen [zum Pflügen] gibt ... aber die Bevölkerung nichts von [fortgeschrittener] Landwirtschaft versteht und Hacken statt Ochsen benutzt. Sie pflanzen genug Reis für zwei Mahlzeiten pro Tag an, aber legen für ihren Überschuß keine Speicher an. Die alltäglichen Gegenstände wie Kleidung, Seide, Enten und Schweinefleisch sind sehr teuer ... Alle diese Mängel rühren von der Faulheit der Kambodschaner her ... und meine Anordnungen an dich sind folgende: Lehre sie, Ochsen zu benutzen, lehre sie, mehr Reis anzubauen, lehre sie, Maulbeerbäume anzupflanzen, Schweine und Enten zu züchten. ... Was die Sprache betrifft, so sollte man sie lehren, vietnamesisch zu sprechen. [Unserer Art] der Kleidung und der Tischmanieren soll ebenfalls gefolgt werden. Wenn es irgendeinen überholten barbarischen Brauch gibt, der vereinfacht oder unterdrückt werden kann, dann handele in diesem Sinne.

Obwohl die «Verwandlung der Barbaren in eine zivilisierte Bevölkerung» behutsam vorgenommen werden sollte, zeigten sich kaum Erfolge. Die kulturellen Unterschiede waren zu tief verwurzelt und trugen nicht wenig zu Animositäten zwischen beiden Völkern bei, die bis in die Gegenwart andauern. Unzufrieden mit dem nur mäßigen Fortschritt, degradierte Minh Mang im Juni 1840 die Königin und ihre beiden Schwestern und gab ihnen niedrige vietnamesische Beamtenränge. Danach ließ er sechs Beamte wegen «Fälschung einer Volkszählung» verhaften und nach Saigon bringen; es folgten im August die Deportation von Aṅ Mei und ihrer Schwestern sowie der Regalien nach Gia-đinh. Als schließlich auch die Beamten durch Vietnamesen ersetzt werden sollten, brach im September 1840 eine Rebellion aus. Ihre unmittelbaren Ursachen lagen wohl in der Befürchtung, daß die Vietnamesen das kambodschanische Königtum, den Buddhismus und die herrschende Klasse vernichten wollten. Der Aufstand breitete sich rasch bis in das von Khmer bewohnte Südvietnam aus; sein Ziel war die Wiederherstellung des Status quo ante, aber daneben gab es auch andere Beweggründe: «Wir sind glücklich darüber, Vietnamesen zu töten. Wir fürchten sie nicht länger; in all unseren Schlachten denken wir an die drei Juwelen: den Buddha, den Dharma und den Saṅgha [den buddhistischen Orden]». Diese Situation wurde von den Thai ausgenutzt, die schon seit längerer Zeit Truppen in der Provinz Bǎttaṃbaṅ konzentriert hatten. Ihr Oberbefehlshaber Phya Bodin erwirkte nach seinem Sieg über die Vietnamesen in Pursat die Freilassung des seit einigen Jahren in Bangkok gefangengesetzten Aṅ Duoṅ, der im Januar 1841 in Bǎttaṃbaṅ eintraf.

Kambodscha als Puffer zwischen Vietnam und Thailand

Nach dem Tod Minh Mangs am 21. Januar 1841 gab sein Nachfolger Thiêu Tri (1841–1847) Kambodscha auf und zog seine Truppen nach An-giang zurück. Inzwischen waren Thai aber auch im Süden Vietnams gelandet, um einen Aufstand in Trà-vinh zu unterstützen. Nach mehreren blutigen Gefechten zogen sie sich geschlagen auf kambodschanisches Gebiet zurück. Die Übergriffe der Thai-Truppen, die Aṅ Duoṅ am 13. Dezember 1843 als Herrscher proklamierten, führten zu Erhebungen gegen sie, und einige Beamte riefen Vietnam zu Hilfe. Im Jahre 1844 war Bodin gezwungen, Phnom Penh aufzugeben, das wieder von den Vietnamesen besetzt wurde, welche dort erneut Aṅ Mei als «legitime Königin» einsetzten. Doch deren Versuche im Jahre 1845, Udong zu erobern, schlugen fehl. Die Pattsituation führte Ende 1845 schließlich zu Waffenstillstandsverhandlungen und zur erneuten Deportation Aṅ Meis. Um das Gesicht zu wahren, mußte sich im März 1846 eine Tributgesandtschaft unter Führung eines kambodschanischen Beamten nach Huè begeben und formell die Anerkennung der vietnamesischen Oberhoheit erklären. Erst im Juni 1847 kehrte sie zusammen mit den Regalien und einer Reihe von aus der Gefangenschaft entlassenen Mitgliedern der königlichen Familie nach Phnom Penh zurück. Nachdem die vietnamesischen Truppen das Land verlassen hatten, war Kambodscha zum ersten Mal seit 1811 völlig frei. Das unter vietnamesischer Herrschaft seiner traditionellen Würde entkleidete kambodschanische Königtum wurde in Zeremonien, die sich über mehrere Monate hinzogen, feierlich wiederhergestellt. An ihrem Ende stand am 7. März 1848 die Königskrönung Aṅ Duoṅs in Udong durch Thai- und kambodschanische Brahmanen. Der Herrscher erklärte sich zum Vasallen beider Nachbarstaaten. In den Chroniken wird die Herrschaft Aṅ Duoṅs als eine Phase der Erneuerung der alten Ordnung betrachtet. Seine Bindungen an Thailand waren indes ungleich stärker als die an Vietnam, das in einem an Frankreich gerichteten Schreiben als «traditioneller Feind» bezeichnet wurde. So suchte Aṅ Duoṅ im Jahre 1856 den Schutz des französischen Kaisers Napoleon III., indem er über das französische Konsulat in Singapur Geschenke an ihn schickte. Allerdings ließen die Thai nicht zu, daß eine französische Gesandtschaft zum Königshof in Udong Zugang hatte. Auf diese Weise verzögerte sich der Abschluß eines Protektoratsvertrages noch um 7 Jahre. Aṅ Duoṅ starb schließlich nach 12jähriger Herrschaft am 19. Oktober 1860.

Spätestens seit der Mitte des 18. Jahrhunderts war Kambodscha – nach den Verlusten großer fruchtbarer Gebiete im Mekong-Delta und an der Ostküste des Golfes von Thailand – in die Abhängigkeit der regionalen Großmächte Thailand und Vietnam geraten. Beide Mächte betrachteten das Land als ihr Kind und sich selbst als ein ständig zerstrittenes Elternpaar, das sich um den Schutz eines schwachen, aber ungehorsamen Nachwuchses zu kümmern hatte. In dieser Weise hatte sich zum Beispiel Kaiser Gia Long geäußert: «Kambodscha ist ein kleines Land, das wir als ein Kind behandeln sollten. Wir werden seine Mutter sein und Siam sein Vater. Wenn ein Kind Ärger mit seinem Vater hat, kann es seine Leiden beenden, indem es seine Mutter umarmt. Wenn das Kind unglücklich über seine Mutter ist, kann es zu seinem Vater laufen, um von ihm unterstützt zu werden». Obwohl die politischen Ideen der Thai sich häufig hinter einer buddhistischen Terminologie verbargen und die der Vietnamesen in Begriffen der sino-vietnamesischen konfuzianischen Tradition ausgedrückt wurden, waren die Ziele beider Mächte in Kambodscha ähnlich, auch wenn sie nur selten explizit ausgesprochen wurden. Wie die Nguyên-Herrscher waren auch die Thai-Könige darauf bedacht, ihr Prestige und ihre Selbstdarstellung als universell anerkannte Könige auszudehnen. Bei den Thai-Königen kam ihre Rolle als Schutzherren des Buddhismus hinzu, und sie stellten sich als *cakravartins*, universelle buddhistische Monarchen, dar. Aufgrund dieser ihnen vertrauten Denkstrukturen war die Haltung der Kambodschaner gegenüber Thailand niemals so feindselig wie gegenüber Vietnam.

V. Das französische Protektorat

Zwischen Modernisierung und Stagnation, 1863–1941

Die ersten Jahre

Die Errichtung der französischen Schutzherrschaft über Kambodscha geschah praktisch im Gefolge der Eroberung des südlichen Vietnams durch die Franzosen. Diese waren unter dem Vorwand der Öffnung Vietnams für den europäischen Markt und des Schutzes der bedrängten Christen den Saigon-Fluß hinaufgefahren und hatten am 17. Februar 1859 Gia-đinh besetzt. In den Jahren 1860 und 1861 wurde die französische Herrschaft über den Süden Vietnams aufgrund weiterer Militärexpeditionen endgültig gefestigt. Danach richtete sich das Interesse Frankreichs auf Kambodscha, das den Unterlauf des Mekong beherrschte und im Westen an Vietnam grenzte. Im Oktober 1860 hatte Aṅ Duoṅs ältester Sohn Norodom I. den Thron bestiegen, der aber bald vor seinem Bruder Sivotha nach Bangkok fliehen mußte. 1862 führten die Thai Norodom nach Udong zurück, doch daraufhin drängte der französische Bischof Miche, apostolischer Vikar von Kambodscha, Frankreich dazu, im Namen des vietnamesischen Kaisers, der ja ebenfalls Oberherr über Kambodscha war, zu intervenieren. So wurde im Juni 1863 eine Mission an den kambodschanischen Hof entsandt, und am 11. August mußte der schwache König Norodom einen Protektoratsvertrag unterzeichnen, in dem er Frankreich

Rechte an der Holzwirtschaft und der Ausbeutung von Minen abtrat. Er hielt diesen Vertrag gegenüber Thailand zunächst geheim, erklärte aber nach Bekanntwerden der Vereinbarung, auch weiterhin der Diener des Thai-Königs bleiben zu wollen. Dies führte dazu, daß sowohl Frankreich als auch Thailand Norodoms Krönung im Jahre 1864 finanzierten und ein kambodschanischer König zum letzten Mal seine Legitimität von zwei ausländischen Höfen bestätigt erhielt. Nach der Krönung nahm der Einfluß der Thai rapide ab und endete praktisch mit dem Tode von König Mongkut (Rāma IV.) im Jahre 1868. Die französische Schutzmacht wurde bis 1885 durch Residenten, 1885–1889 durch Generalresidenten und 1889–1945 durch Oberresidenten vertreten. Auf Druck der Franzosen wurde die Hauptstadt 1866 wieder nach Phnom Penh verlegt, wohl hauptsächlich aus wirtschaftlichen Gründen, weil Phnom Penh von Saigon aus besser zugänglich war als Udong.

Die Errichtung des Protektorats bedeutete nicht das Ende dynastischer Querelen, und gelegentlich kam es sogar zu chiliastischen Aufständen. Der größte war der des Exmönches Pu Kombo, der den Anspruch erhob, größere Rechte auf den Thron zu haben als der regierende König. Es gehörte mit zu den Aufgaben der Schutzmacht, solche Unruhen zu beseitigen. In den ersten beiden Jahrzehnten lag die Verwaltung und Erschließung Kambodschas in den Händen von jungen Seeoffizieren wie Ernest Doudart de Lagrée (1823–1868), dem ersten Residenten (1863–1866), Francis Garnier (1839–1873), der den Mekong erforschte und eine kambodschanische Chronik ins Französische übersetzte, Jean Moura (1827–1885), Resident zwischen 1868 und 1870 sowie 1871 und 1879, der eine Geschichte Kambodschas verfaßte, und Étienne Aymonier (1844–1929), Resident von 1879 bis 1881, der sich mit Khmer-Inschriften beschäftigte und ebenfalls eine Geschichte Kambodschas schrieb. Die Erkenntnis der einstigen «Größe

Angkors», die bereits mit der sogenannten «Wiederentdekkung» der Tempelstadt durch den Botaniker Henri Mouhot im Jahre 1860 ihren Ausgangspunkt genommen hatte, wurde in Kontrast zum jetzigen «Niedergang» Kambodschas gesetzt. Andererseits führte diese Rekonstruktion der Geschichte des Angkor-Reiches und auch der vorangegangenen Epochen langfristig bei den Kambodschanern zu einem Bewußtsein der einstigen nationalen Größe. Der von den Wissenschaftlern festgestellte Kontrast betraf aber in erster Linie die machtvolle Außenpolitik Angkors auf der einen Seite und die Machtlosigkeit Kambodschas im 19. Jahrhundert auf der anderen. Auch Chandler hat kritisch angemerkt, daß sich an der Art und Weise, wie das Land regiert wurde, wenig geändert habe, denn die alten Sozialstrukturen, bestehend aus einem Netzwerk von Beamten und einer bäuerlichen Bevölkerung, die für ihren Unterhalt aufkommen mußte, existierten nach wie vor.

Französische Reformen

Zunächst ließ die Protektoratsmacht die bestehenden Verhältnisse noch weitestgehend unangetastet, aber nach einer Reihe von Unruhen wurde ernsthaft in Erwägung gezogen, Norodom I. gegen seinen Halbbruder Sisovath auszutauschen. Unter diesem Druck akzeptierte Norodom 1877 eine Reihe von Reformen, die die königliche Verfügungsgewalt über den Landbesitz einschränken, die Zahl der *okya* verringern, die Sklaverei abschaffen und die Steuererhebung effizienter machen sollten. Die Durchsetzung gestaltete sich allerdings schwierig, und die Vertreter der III. Republik erwiesen sich nach der Etablierung ihrer Macht in ganz Vietnam in den 1880er Jahren als ungeduldig. Im Jahre 1884 mußte Norodom zustimmen, Steuereinnahmen, besonders auf Exportgüter, zur Bezahlung der französischen Verwaltung zu verwenden. Als er dagegen beim französischen Präsidenten protestierte, wurde Charles Thomson, der französische Generalgouverneur von Cochinchina, autorisiert, mit Sisovath über einen Thronwechsel zu verhandeln, falls sich Norodom weiterhin gegen Reformen sträube. Thomson reiste im Juli 1884 von Saigon nach Phnom Penh und zwang den König zur Annahme eines Reformpaketes, zu dem die Stationierung französischer Residenten in den Provinzstädten, die Abschaffung der Sklaverei und die Regulierung des Landbesitzes gehörte. Diese Maßnahmen, die die Elite der Möglichkeit berauben sollte, die Arbeitskraft der einfachen Bevölkerung auszubeuten, führten Anfang 1885 zu einem Aufstand im ganzen Lande. Die Oberschicht fürchtete um ihre bisherige Stellung, da die Franzosen auf kommunaler Ebene mit Vertretern der dortigen Gemeinden zusammenarbeiten wollten, obwohl es in Kambodscha eine solche Tradition bisher nicht gegeben hatte. Anderthalb Jahre dauerte der Aufstand und beschäftigte etwa 4000 französische und vietnamesische Soldaten. In dieser Zeit gaben die Franzosen Sisovath freie Hand, in den Provinzen profranzösische Beamte zu ernennen; sie kamen aber schließlich im Juli 1886 doch mit Norodom zu einer Einigung, der die Rebellen aufrief, die Waffen niederzulegen, und verkündete, daß die Schutzmacht künftig die kambodschanischen Bräuche und Gesetze beachten werde. Das bedeutete vorerst ein Stocken der vorgesehenen Reformen, die Privilegien des Königs und seine Unabhängigkeit wurden in den nächsten beiden Dekaden jedoch stärker beschnitten.

In den ersten Jahren nach dem Aufstand machte Norodom weiterhin die Gesetze, ernannte Beamte und beherrschte die Wirtschaft, indem er Einnahmequellen wie das Opiummonopol and Spielkonzessionen verpachtete, Geschenke von seinen Beamten einforderte und sich weigerte, Rechnungen zu begleichen. Doch ab 1892 wurden die direkten Steuern von den Franzosen selbst eingezogen, und ab 1894 gab es zehn Residenten in den Provinzen. Im Jahre 1897 erreichte der *Résident Supérieur* Albert Louis Huyn de Verneville weitestgehende exekutive Vollmachten wie den Erlaß königlicher Dekrete, die Ernennung von Beamten und das Verfügungsrecht über die indirekten Steuern. Die letzten Privilegien des Königs, die schließlich verlorengingen, waren das Recht auf die Auswahl seiner engsten Berater und das der Verpachtung von Spielkonzessionen an chinesische Unternehmer. Als Norodom am 24. April 1904 starb, war endlich der Weg für seinen mittlerweile 64 Jahre alten Halbbruder Sisovath frei, der seit den 1870er Jahren auf den Königsthron gehofft hatte. Dies bedeutete eine große Zäsur, weil damit die eigentliche Modernisierung des Landes, wenn auch sehr langsam, ihren Anfang nahm. Aus Phnom Penh, das bis dahin nur eine Ansammlung von den Fluten ausgesetzten undefinierbaren Holzhäusern war, wurde eine Stadt mit öffentlichen Gebäuden, die an einen südfranzösischen Ort erinnerte, mit einer Miniaturausgabe des Großen Palastes der Thai-Könige in Bangkok und versehen mit Elektrizität und fließendem Wasser. Weiterhin wurden wetterfeste Straßen aus der Hauptstadt in die Provinzen erbaut und ein öffentliches Gesundheitssystem zur Bekämpfung der Epidemien eingerichtet, von denen besonders die ländliche Bevölkerung betroffen war. Hinter all diesen Maßnahmen stand die französische *mission civilitrice*. Andererseits waren die Träger und Nutznießer der Modernisierung hauptsächlich Einwanderer aus Vietnam und China, denen die Franzosen das Land geöffnet hatten, während die traditionelle Elite, darunter Mönche und Beamte, den institutionellen Veränderungen eher reserviert gegenüberstanden. Diese Veränderungen durchdrangen die Provinzen noch langsamer, so daß französische Beamte dort lange mit den alten Gewohnheiten von Patronage, Abhängigkeit, Gewalt, Fatalismus und Korruption konfrontiert wurden.

Als ein außerordentliches Ereignis unter dem Königtum von Sisovath galt die Rückgabe der Provinzen Băttaṃbaṅ und Siem Răp (mit Angkor) an Kambodscha nach Verhandlungen der Franzosen mit Thailand Ende 1907, obwohl der König dazu nicht das Geringste beitragen konnte. Die Rückgabe der seit 1794 verlorenen Provinzen wurde enthusiastisch gefeiert, zumal die Tempel von Angkor inzwischen zu einem nationalen Symbol geworden waren (die Silhouette von Angkor Vat schmückte später die Nationalflagge). In den darauffolgenden 50 Jahren restaurierten französische Wissenschaftler die Tempel und bearbeiteten und übersetzten deren Inschriften, eine Aufgabe, die bis auf den heutigen Tag – inzwischen auch von Gelehrten anderer Nationen – fortgesetzt wird. Die Einführung von Schreibmaschinen und Autos im Jahre 1909 hatte ein Anwachsen der offiziellen Papiere und eine stärkere Anbindung der Residenten an ihre Amtsstuben sowie eine schnellere, aber auch oberflächlichere Durchführung von Inspektionsreisen zur Folge. In der Tat führte die Erweiterung der wirtschaftlichen und politischen Kontrolle über Kambodscha dazu, daß nicht mehr französische Beamte in den unteren Ebenen der Verwaltung arbeiteten, sondern hauptsächlich nach Kambodscha eingewanderte Vietnamesen sowie ein kleines Kontingent von Kambodschanern, eine der Ursachen von später ausbrechenden Spannungen zwischen beiden Bevölkerungsgruppen.

Zwischen den Weltkriegen: Erste Unruhen

Die Hauptlast an Steuern und Arbeitsdienstverpflichtungen (zumeist für den Bau von Straßen und öffentlichen Gebäuden) mußte jedoch die einfache Bevölkerung tragen. Als diese Anforderungen während des Ersten Weltkrieges noch angehoben wurden, kam es Ende November 1915 zur Überreichung einer Petition an König Sisovath, in der um eine

Steuerminderung gebeten wurde. Sie richtete sich deshalb an den König, weil die Steuereintreiber Kambodschaner waren, obgleich die Steuern selbst von den Franzosen erhoben wurden. Die Nachrichten darüber verbreiteten sich rasch und trugen zur Ausweitung der Protestdelegationen bei, die nach französischen Angaben in den ersten Monaten des Jahres 1916 auf 40000 bis 100000 Bauern anwuchsen, sich jedoch nie unmittelbar an die Franzosen wandten, sondern Abhilfe vom König erwarteten. Dieser ermahnte die Bauern, friedlich nach Hause zurückzukehren und versprach im Gegenzug, den Arbeitsdienst für das Jahr 1916 zu erlassen. Die französische Schutzmacht war zwar einerseits über diese Massendemonstration erschreckt, deren Führer und ihre Motive im Dunkeln blieben, andererseits veranlaßte sie das rasche Ende dieser Bewegung nicht dazu, grundsätzlich etwas an ihrer Politik zu ändern.

Zu den Negativposten bei der Verbesserung der Infrastruktur gehört zweifellos die Bildungspolitik. Erst 1936 eröffnete man in Phnom Penh eine Hochschule, das *Lycée Sisowath*, vorher war die spärliche Anzahl von Studenten in Saigon ausgebildet worden. Einheimische Bildungsträger waren nach wie vor die buddhistischen Klöster, in denen es aber seit dem 19. Jahrhundert zwei Schulrichtungen gab. In Thailand hatte Mongkut (der nachmalige König Rāma IV.), seinerzeit Abt eines Klosters, den reformbuddhistischen *Dhammayutika-Nikāya* begründet, der einen stärker rationalistisch geprägten, modernistischen Buddhismus propagierte. Der Orden hatte es sich zur Aufgabe gemacht, das religiöse Leben von nichtkanonischen Elementen zu befreien. 1849 hatte Mongkut den seit 1824 in Bangkok lebenden kambodschanischen Novizen Pan (Somdet Phra Sugandhădhipati) zum Mönch des Dhammayutika-Ordens ordiniert; dieser war bei seiner Rückkehr nach Kambodscha von König Aṅ Duoṅ zum Abt des Văt Salaku-Klosters bei Udong und später des Văt Botum Vodei-

Klosters bei Phnom Penh gemacht worden. Auch die Könige Aṅ Duoṅ und Norodom waren zur Zeit ihres Aufenthaltes in Bangkok während ihrer obligatorischen temporären Mönchsphase Mitglieder des Dhammayutika-Nikāya gewesen, dessen Einfluß demzufolge am kambodschanischen Hof sehr groß wurde. Dennoch war hier die traditionelle Mahā-Nikāya-Richtung – anders als in Thailand – ebenfalls in wichtigen politischen Institutionen wie dem Kronrat vertreten, zu dem seit altersher auch die Hofbrahmanen (*baku*, von *pāra-gū*) gehörten. Daher finden sich im religiösen Brauchtum noch viele hinduistische Elemente. Die kritische Einstellung des Dhammayutika-Ordens gegenüber solchen Elementen wurde nach dem Ersten Weltkrieg durch die moderne Buddhismus-Forschung noch verstärkt, so daß es zu Auseinandersetzungen zwischen Absolventen von Pāli-Schulen (insbesondere die 1914 von Sisovath begründete) und älteren Dorfmönchen kam. Aus diesem Grunde wurde 1918 ein Gesetz erlassen, das Kritik am überkommenen religiösen Brauchtum untersagte und mit dem ein Verbot der Gegenüberstellung von Traditionalismus und Modernismus einherging. Aber allein die Öffnung gegenüber modernem Denken führte auch unter den Mönchen zur Auseinandersetzung mit der Gegenwart und zu einem politischen Bewußtsein, das sich zu Beginn des Zweiten Weltkrieges unter anderem in Aufrufen zum Widerstand manifestierte.

Widerstand zeigte sich zudem von anderer Seite. Im Jahre 1925 versuchte einer der Provinzresidenten namens Félix Louis Bardez, der erst im Vorjahr die Provinz Kompong Chhnang (Kǒṃpoṅ Čhnăṅ) übertragen bekommen hatte, Steuern in einem Dorf mit Gewalt einzutreiben, indem er Säumige ins Gefängnis steckte und ihnen nichts zu essen gab, während er selbst einen Imbiß einnahm. Dieses Vorgehen schürte die Wut der Menge, die ihn und seine Begleiter zu Tode prügelte (18. April 1925). Aber obwohl dieser Vorfall nichts anderes als der Zorn einiger Dorfbewohner über ungerechte Besteuerung und ungerechte Behandlung war, beeinflußten die nachfolgende Gerichtsverhandlung und das Echo in der Presse doch auf längere Sicht gesehen die Stimmung gegen die Protektoratsmacht. Die Reaktionen waren jedoch zunächst weniger in Kambodscha selbst zu bemerken, wo es bis in die späten 1930er Jahre kaum antikoloniale Äußerungen gab, als im benachbarten Vietnam, wo trotzkistische und kommunistische Bewegungen die Kolonialmacht beunruhigten.

Dennoch erwachte während des Königtums von Monivong (Munivaṅs, 1927–1941) auch das kambodschanische Selbstbewußtsein. Zunehmend nahmen Kambodschaner höhere Verwaltungsposten in den Provinzen ein, darunter Lon Nol und Sisovath Sirik Matak. Die drei wichtigsten Institutionen des kambodschanischen Nationalgefühls in den 1930er Jahren waren das Lycée Sisowath (seit 1936, vorher Collège Sisowath), das Institut Bouddhique und die 1936 von Pach Chhoeun und Sim Var gegründete Zeitschrift *Nagara Vatta* («Angkor Vat»), für die bald auch der 1908 in Vietnam geborene und in Frankreich ausgebildete Son Ngoc Thanh arbeitete. Der Tenor dieser ersten in Khmer verfaßten Zeitschrift war prokambodschanisch, aber zunächst keinesfalls antifranzösisch. Die Artikel richteten sich hauptsächlich gegen die Überrepräsentanz von Vietnamesen in der Verwaltung, die beherrschende Stellung von Chinesen in der Wirtschaft und den Mangel an angemessenen Beschäftigungsmöglichkeiten für ausgebildete Kambodschaner. Immer wieder wurde hier aber der Gegensatz zwischen Kambodschanern und Vietnamesen hervorgehoben, was gewiß auch antivietnamesische Ressentiments hervorrief, obwohl Son Ngoc Thanh eher freundschaftliche Beziehungen zwischen den beiden Völkern anstrebte. Die Leserschaft von *Nagara Vatta* bestand in der Hauptsache aus jungen Kambodschanern in niedrigen Beamtenrängen, die zum ersten Mal Gelegenheit hatten, über Ereignisse außerhalb Kambodschas in ihrer Muttersprache zu lesen. Dennoch gab es vor dem Zusammenbruch Frankreichs im Jahre 1940 keinerlei Unabhängigkeitsbestrebungen. Hinzu kam, daß man – anders als zum Beispiel in Britisch-Indien – keine Einheimischen ausbildete, die die Franzosen langfristig in der Verwaltung ersetzen konnten. Die Zeit der großen Veränderungen setzte mit dem Zweiten Weltkrieg ein.

Der Kampf um die Unabhängigkeit, 1941–1953

Unter japanischer Militärkontrolle

Nachdem im Jahre 1940 Frankreich dem deutschen Ansturm unterlegen war, forderte in Thailand Marschall Phibul Songgram von Frankreich das rechte Mekong-Ufer zurück, was dann zu militärischen Auseinandersetzungen zwischen beiden Ländern führte. Am 16. Januar 1941 erlitten die Franzosen zu Lande eine schwere Niederlage, die durch ihren Seesieg am folgenden Tag nicht ausgeglichen werden konnte. Jetzt zeigte Japan, seit 1937 im Krieg mit China, zunehmend Interesse an Südostasien und trat als Vermittler im am 31. Januar geschlossenen Waffenstillstand auf, dem am 9. März 1941 ein Friedensvertrag folgte. Hierin war festgelegt, daß Frankreich neben Teilen von Laos die kambodschanischen Provinzen Bǎttaṃbaṅ, Siem Rǎp und Sisophon abtreten mußte, wobei jedoch die historische Stätte von Angkor weiterhin kambodschanisch blieb. König Monivong war über den Verlust dieser Provinzen so erbittert, daß er es für den Rest seines Lebens (er starb am 24. April 1941) ablehnte, mit französischen Beamten zu reden oder auch nur französisch zu sprechen. Sein Tod stellte kurz nach der militärischen Niederlage ein weiteres Problem für die französische Schutzmacht dar, weil man sich zwischen rivalisierenden Thronanwärtern entscheiden mußte. Schließlich wurde aber keiner aus der Folgegeneration gewählt, sondern ein Urenkel König Norodoms I., der erst 19jährige Prinz Norodom Sihanuk (Norodom II. Sīhanuk), den die Franzosen möglicherweise als besser lenkbar betrachteten. In den ersten Monaten seines Königtums konnte er nur wenige Reformen durchführen wie etwa die Abschaffung der jährlichen Opiumschenkung an den Hof durch die Franzosen, von der seine Vorgänger Gebrauch gemacht hatten. Sein Handlungsspielraum war jedoch sehr stark durch seine französischen Berater eingeschränkt, und ab dem 29. Juli 1941 kam dazu noch die japanische Besatzung von 8000 Mann, deren Absichten nicht unmittelbar durchschaubar waren. Die Besetzung von ganz Französisch-Indochina geschah mit der notgedrungenen Einwilligung des von Vichy aus regierten Frankreich, das dadurch seine Verwaltung aufrechterhalten konnte. Um einer eventuell aufkeimenden, von Japan unterstützten, antikolonialen Gesinnung zu begegnen, wurde der Verwaltungsapparat viel stärker als früher für Einheimische geöffnet, die von da an zudem höhere Gehälter gezahlt bekamen. Überhaupt war es das Bestreben der Vichy-Regierung, den Zweiten Weltkrieg in ihren Kolonien möglichst unbeschadet zu überstehen. Die militärische Schwäche der Franzosen und die Sympathie der Japaner für bestimmte antikoloniale Bewegungen – insbesondere nach dem Beginn des Pazifischen Krieges im Dezember 1941 – ließen auch etliche kambodschanische Intellektuelle nicht unberührt. Viele von ihnen gehörten dem buddhistischen Orden an und hatten Verbindungen zum Institut Bouddhique und zu *Nagara Vatta*. Zwischen 1940 und 1942 schlug diese Zeitschrift immer mehr eine projapanische und antikoloniale Richtung ein, was häufig zur Zensur seitens der Franzosen führte. Son Ngoc Thanh selbst und seine Mitarbeiter suchten ganz offen die Zusammenarbeit mit den Japanern.

Von den Mönchen waren die Mitglieder des Dhammayutika-Nikāya enger mit dem Königshaus verbunden, während die des traditionellen Mahā-Nikāya eher antimonarchisch gesinnt waren. Einer dieser Mönche namens Hem Chieu (1898–1943) entwarf vage Pläne für einen Staatsstreich, die jedoch den Franzosen offenbart wurden. Sie verhafteten ihn daraufhin am 17. Juli 1942, ohne ihm Gelegenheit zu geben, den Orden durch ein entsprechendes Ritual zu verlassen. Für die empörten Mönchskollegen von Hem Chieu und für die Nationalisten um *Nagara Vatta* war dies eine willkommene Gelegenheit, zusammen eine antifranzösische Demonstration vorzubereiten, die nach Aussagen Son Ngoc Thanhs von der japanischen Administration in Saigon unterstützt wurde. Am Morgen des 20. Juli 1942 marschierten etwa 1000 Leute, die Hälfte davon Mönche, zum Sitz des *résident supèrieur* Jean de Lens, um die Freilassung Hem Chieus zu fordern. Eine entsprechende Petition wurde vom Herausgeber von *Nagara Vatta*, Pach Chhoeun, überbracht, der aber sofort verhaftet und nach kurzem Prozeß zum Tode verurteilt wurde (dieses Urteil wurde von der Vichy-Regierung in lebenslängliche Haft umgewandelt). Son Ngoc Thanh verbarg sich für einige Tage in Phnom Penh, bevor er ins von Thailand kontrollierte Băttaṃbaṅ entkam und Anfang 1943 ins Exil nach Tōkyō ging, wo er sich die folgenden zwei Jahre aufhielt. Die Zeitschrift *Nagara Vatta* wurde verboten, womit die Franzosen demonstriert hatten, daß sie nach wie vor unangefochten die Szene beherrschten.

Im Jahre 1943 verkündete der neue französische Resident Georges Gautier seine Absicht, das Khmer-Alphabet durch ein lateinisches mit Diakritika für die Phonetik des Khmer zu ersetzen. Mit dieser Aufgabe wurde der Philologe für südostasiatische Sprachen und Sanskrit, George Coedès (1886–1969), betraut, der sich große Verdienste durch seine unermüdliche Arbeit an kambodschanischen Inschriften erworben hat.

Viele Kambodschaner sahen darin einen Angriff auf die traditionelle Bildung, obgleich religiöse Texte davon nicht betroffen waren. Dennoch wurde die Latinisierung des Alphabets 1944/45 energisch vorangetrieben. Als die Japaner am 9. März 1945 in ganz Indochina die französischen Streitkräfte entwaffneten und die französischen Beamten aus ihren Stellungen entfernten, ging die gesamte Reform sang- und klanglos unter. Am 13. März erklärte König Sihanuk nach einem formellen Ersuchen der Japaner die Unabhängigkeit Kambodschas und änderte den Landesnamen vom französischen «Cambodge» in «Kampuchea», die einheimische Namensform, die von dem alten Sanskrit-Namen Kambuja abgeleitet ist. Zwei Wochen später kam es zu Unruhen unter den vietnamesischen Einwohnern von Phnom Penh gegen die Franzosen, die von den Japanern durch Internierung geschützt werden mußten. Sihanuk, jetzt auch Regierungschef, verurteilte in einer Rede, die er Anfang April an die wiederbewaffnete kambodschanische Miliz richtete, die französischen Streitkräfte, die nicht bereit seien, an der Seite Japans Kambodscha zu verteidigen. Weitere Schritte auf dem Weg zur Unabhängigkeit waren die Wiedereinführung des buddhistischen Mondkalenders und der Gebrauch des Khmer anstatt des Französischen in den Ministerien. Eine Folge der Unabhängigkeit unter japanischen Bajonetten war überdies die Entlassung politischer Gefangener. So nahmen sowohl Pach Chhoeun als auch der zurückgekehrte Son Ngoc Thanh an einer von Sihanuk angeführten Demonstration am 20. Juli 1945 zum Gedenken an den Jahrestag der Mönchsdemonstration drei Jahre zuvor teil. Bei dieser Kundgebung erinnerte ein Sprecher an «patriotische Ereignisse» der Vergangenheit wie z.B. antimonarchistische Aufstände in den 1860ern, die Erhebung von 1884 bis 1886, die Demonstration von 1916 sowie den Bardez-Fall und vergaß dabei nicht darauf hinzuweisen, daß nur 1884–1886 der König auf der «richtigen Seite» gestanden habe. Dies trug nicht unwesentlich zu Spannungen zwischen den Nationalisten und später auch den Kommunisten einerseits und Sihanuk andererseits bei. Bezeichnenderweise waren mit Ausnahme von Son Ngoc Thanh, der Außenminister des Kabinetts geworden war, alle anderen Minister Angehörige der kambodschanischen Bourgeoisie.

Als die Niederlage Japans absehbar war, versuchte Sihanuk mit dem ebenfalls von den Japanern in die «Unabhängigkeit» entlassenen Vietnam eine gemeinsame Front gegen die Franzosen zu bilden, deren Rückkehr man erwartete. Doch zuvor gab es einen gegen den König gerichteten nationalistischen Staatsstreich von sieben jungen Khmer, die in der Nacht vom 9. zum 10. August 1945 den Königspalast stürmten, fast alle Minister mit Ausnahme von Thanh gefangensetzten und Sihanuk zur Abdankung zwingen wollten. Thanh, der am nächsten Morgen Premierminister wurde, ließ allerdings die verhafteten Minister wieder frei und nahm die sieben Führer des Putsches gefangen. Einige von ihnen konnten während der nächsten Monate entfliehen, fünf von ihnen arbeiteten später mit der Kommunistischen Partei Indochinas zusammen oder gehörten ihr sogar an. Kurz darauf, am 15. August, kapitulierten die japanischen Truppen in Indochina, worauf die allmähliche Rückkehr der Franzosen unter britischem Schutz einsetzte. Dagegen demonstrierten Ende August etwa 30000 Leute. Das Bündnis mit den vietnamesischen Kommunisten unter Ho Chi Minh, das Thanh jetzt anstrebte, um den Franzosen Widerstand zu leisten, war im Land nicht populär, und manche zogen die Franzosen sogar der Regierung Thanhs vor. Dieser wurde am 12. Oktober 1945 zu seiner eigenen Überraschung auf Veranlassung des Residenten André Berjoan verhaftet, nach Saigon gebracht und verbrachte dann die nächsten sechs Jahre im Exil in Poitiers.

Die Restaurierung der französischen Herrschaft: Etablierung demokratischer Parteien und Widerstand gegen Frankreich

Dies war nur eines der vielen Anzeichen dafür, daß das Frankreich von General de Gaulle nicht gewillt war, das Überseereich, dem die Japaner im März 1945 kurzerhand den Garaus gemacht hatten, ohne weiteres aufzugeben. In Kambodscha gelang es den Franzosen zunächst, ohne großen Widerstand ihre Macht wiederherzustellen, während sie sich in Vietnam in einen harten Krieg mit den Viêt Minh verstrickten, der allgemein als (der erste) Indochina-Krieg bezeichnet wird. Am 4. Januar 1946 schaffte Frankreich den Begriff «Protektorat» für Kambodscha formell ab und erklärte die Autonomie des Landes. Im Sommer 1946 wurden allgemeine Wahlen beschlossen, was unmittelbar zur Bildung dreier politischer Parteien, aber auch zu tiefen Rissen innerhalb der Eliten der kambodschanischen Gesellschaft führte. Die drei Parteien wurden alle von Prinzen geführt, denen die Furcht vor den Nachbarländern und ihre ausdrückliche Loyalität gegenüber der Monarchie gemeinsam waren. Als bedrohlich wurde zum einen Thailand angesehen, das nach dem Sturz der Regierung Phibul Songgram 1944 zunächst antijapanische und dann antifranzösische Guerillas unterstützte. Aus diesen Guerillas bildeten sich 1945 die *Khmer Issarak* (Freie Khmer), die hauptsächlich von den noch immer von Thailand okkupierten Nordprovinzen aus operierten. Diese waren Rückzugsgebiete für Unzufriedene, darunter Teilnehmer des Staatsstreiches vom 9. August 1945 und einige Mönche. Noch größere Furcht herrschte vor den kommunistischen Guerillas im Süden Vietnams, die die französische Herrschaft erschütterten und langfristig auch eine Bedrohung für das politische System Kambodschas darstellen konnten.

Die beiden wichtigsten Parteien waren die Demokratische Partei des Prinzen Sisovath Yuthevong (1913–1947), der erst im Juni 1946 aus Frankreich zurückgekehrt war, und die Liberale Partei des Prinzen Norodom Norindeth. Während Yuthevong für eine rasche Demokratisierung des Landes nach französischem Vorbild und die Unabhängigkeit eintrat, war Norindeth konservativ, stützte sich auf die großen Landbesitzer und wollte die Bindungen an Frankreich aufrechterhalten. Deshalb wurde die Liberale Partei auch von den Franzosen favorisiert. Bei den Wahlen im September 1946 gewann die Demokratische Partei 50 der 67 Parlamentssitze, weil sie einen Standpunkt vertrat, der sowohl Ideen von *Nagara Vatta* und Mahā-Nikāya-Buddhisten als auch von *Issarak*-Anhängern vertrat. Der Wahl war am 7. August ein Überfall von 300 *Khmer Issarak* unter Dap Chhuon und dem aufständischen Prinzen Norodom Chantaraingsey auf Siem Răp und Angkor vorausgegangen, bei dem 7 Franzosen getötet wurden. Jetzt wurden nicht nur militärische Gegenmaßnahmen getroffen, sondern am 17. November 1946 erhielt Kambodscha nach Verhandlungen zwischen Thailand und Frankreich auch die 1941 verlorenen Provinzen zurück, was Thailand aber nicht davon abhielt, bis 1948 die *Khmer Issarak* zu unterstützen. Am 15. Dezember 1946 löste Yuthevong den Prinzen Monireth als Regierungschef ab und ließ eine Verfassung nach dem Vorbild der IV. Republik in Frankreich ausarbeiten, die am 6. Mai 1947 in Kraft trat und die wirkliche Macht in die Hände der Nationalversammlung legte. Dies machte den König zu einem konstitutionellen Monarchen, eine Entwicklung, die Sihanuk nur mit größter Mißbilligung hinnahm, so daß er Yuthevong und seine Anhänger noch 30 Jahre später als «Dämonen» bezeichnete.

Die Macht der Demokratischen Partei blieb dennoch beschränkt, weil nach wie vor die Abhängigkeit von Frankreich bestand, das bis 1949 nur einige geringfügige Konzessionen machte. Nach dem plötzlichen Tod Yuthevongs am 11. Juli 1947 (er starb an Tuberkulose) wurden viele hochrangige

Demokraten unter fadenscheinigen Vorwänden verhaftet. Obwohl die Demokratische Partei in den Wahlen vom 21. Dezember 1947 ihre absolute Mehrheit behaupten konnte, hielt der Druck der Franzosen an, die immer wieder Verhaftungen wegen angeblicher Verbindungen der Partei zu den *Khmer Issarak* vornahmen. Zudem befand sich die ökonomische Macht in den Händen der Franzosen, Mitgliedern der königlichen Familie sowie Chinesen, Sino-Kambodschanern und Vietnamesen, die einem echten Kampf um die Unabhängigkeit ablehnend gegenüberstanden. So waren die Demokraten kaum in der Lage, ihren politischen Willen gegenüber der wirtschaftlichen Elite und den Franzosen durchzusetzen. Diese Stagnation stärkte für den Augenblick die Position der *Khmer Issarak*, die sich zwar nicht mehr der Unterstützung Thailands erfreuen konnten, aber am 1. Februar 1948 in Băttaṃbaṅ das Komitee zur Befreiung des Khmer-Volkes (*Comité de Libération du Peuple Khmer*, CLPK) unter der Führung von Dap Chhuon gründeten, der als eine Art Kriegsherr über 800 bewaffnete Kämpfer verfügte, wozu noch verbündete Streitkräfte kamen. Am 27. April griff die CLPK den Zug zwischen Phnom Penh und Băttaṃbaṅ an, ein spektakuläres Ereignis, das auch französische Opfer forderte. Mittlerweile war auch in anderen Regionen Kambodschas der militärische Widerstand angewachsen, wobei sämtliche Gruppen enge Beziehungen zu den Viêt Minh unterhielten.

Von den vier Führern des Widerstandes waren alle außer Dap Chhuon Mitglieder der Kommunistischen Partei Indochinas. Im Februar 1949 wurde aus der CLPK das Khmer-Nationalkomitee zur Befreiung (*Comité National Khmer de Libération*, CNKL) unter der Leitung von Dap Chhuon. Bald schon zeigten sich größere Risse zwischen diesem und den den Viêt Minh nahestehenden Mitgliedern, eine Entwicklung, die zu größeren Spannungen innerhalb des Komitees führte. Die Brutalität Dap Chhuons, der heimlich bereits

Kontakte zu den Franzosen geknüpft hatte, veranlaßte einige Führer und ihre Truppeneinheiten, die Bewegung zu verlassen. Schließlich wurde Dap Chhuon abgewählt und durch Poc Khan ersetzt, worauf ersterer am 1. Oktober mit dreihundert bewaffneten Anhängern und einer Anzahl «weiblicher Hilfstruppen» zu den Franzosen überlief, die ihn zum Oberkommandierenden des «Franco-Khmer Corps» in der Region Siem Răp-Koṃpoṅ Thoṃ machten. Kurz zuvor, am 18. September, hatte Sihanuk die Nationalversammlung aufgelöst und Wahlen auf unbestimmte Zeit ausgesetzt. Frankreich machte jedoch seinerseits am 8. November 1949 eine weitere Konzession, indem es Kambodscha zum «unabhängigen Staat innerhalb der Französischen Union» erklärte, was Sihanuk als eine «fünfzigprozentige Unabhängigkeit» bezeichnete. Aus französischer Sicht gab es einige Gründe für diesen Kompromiß: Der Krieg in Indochina hatte an Heftigkeit zugenommen, seitdem in China die Kommunisten gesiegt hatten und damit die Stellung der Viêt Minh erheblich gestärkt war. Dies leitete eine Entwicklung ein, durch die auf der einen Seite rechtsgerichtete politische Gruppierungen und antikommunistische Militärs erstarkten, die sich häufig der Gunst des Königs erfreuten, und auf der anderen Seite die linksgerichtete Guerilla immer größeren Druck auf die Franzosen ausübte; gleichzeitig sah die Demokratische Partei aufgrund ihrer faktischen Machtlosigkeit ihrem allmählichen Niedergang entgegen. Vom 17. bis 19. April 1950 beschloß ein Kongreß des Khmer-Widerstandes, die *Front Uni Issarak* (FUI) unter Führung des Marxisten Son Ngoc Minh zu gründen. Dieser verkündete am 19. Juni, ein Drittel Kambodschas sei unter Kontrolle der FUI. In Paris hatte sich zur gleichen Zeit ein «marxistischer Zirkel» aus kambodschanischen Studenten gebildet, zu denen die späteren Führer der Roten Khmer wie Khieu Samphan, Ieng Sary und Saloth Sar (alias Pol Pot) gehörten, die sich nach der Rückkehr in ihre

Heimat teilweise dem Widerstand anschlossen. Sihanuk hat die linke Guerilla jener Tage als bloße Anhängsel der Viêt Minh bezeichnet, die deren Geschäft besorgt hätten, ein Standpunkt, der von den antivietnamesisch gesinnten Führern der späteren «Roten Khmer» geteilt wurde.

Der Widerstand wächst

Der König entschloß sich nach zweijähriger Suspendierung der Nationalversammlung zu Neuwahlen am 9. September 1951, aus denen die Demokratische Partei erneut als Sieger hervorging und am 13. Oktober mit Huy Kanthul den neuen Ministerpräsidenten stellte. Bald danach ersuchte Sihanuk die Franzosen, die Rückkehr Son Ngoc Thanhs aus dem Exil zu gestatten, möglicherweise mit dem Hintergedanken, einen Keil zwischen die Demokraten zu stoßen. Thanh kehrte am 29. Oktober 1951 im Triumph nach Phnom Penh zurück; am gleichen Tag wurde Jean de Raymond, der französische Kommissar für Kambodscha, von seinem vietnamesischen Hausdiener ermordet, doch läßt sich eine Verbindung zwischen beiden Ereignissen nicht nachweisen. Thanh blieb zunächst politisch inaktiv, gründete aber Anfang 1952 die Zeitschrift *Khmer Krok* («Khmer, erwachet»); die Folge war eine zunehmende Entfremdung vom König, so daß er am 9. März an die thailändische Grenze floh, wo er Führer einer *Issarak*-Einheit wurde. Hier jedoch schwand sein politischer Nimbus, weil ihn die weitere Entwicklung überholte[18]. Denn in dieser Situation, in der zwei Drittel des Landes nicht mehr der Kontrolle der Regierung unterstanden, ergriff Sihanuk die Initiative. Er löste am 15. Juni 1952 «wegen allgemeiner Unordnung» die demokratische Regierung auf und übernahm selbst die Macht. Am 13. Januar 1953 rief er sogar den Ausnahmezustand aus und ließ neun Abgeordnete der Demokratischen Partei wegen Kollaboration mit den *Issarak* und Viêt Minh verhaften. Im Rahmen seines «Kreuzzuges für die Unabhängigkeit» folgten ab 9. Februar Reisen nach Frankreich, Kanada, die USA und Japan. Die für die Franzosen ungünstige Entwicklung des Indochinakrieges war seinem Unternehmen förderlich: Die Viêt Minh-Offensive von 1953 zwang das französische Militär, seine Streitkräfte zur Verstärkung der eigenen Stellungen im Norden Vietnams aus Kambodscha abzuziehen. Durch neue Verträge erhielt Kambodscha die Polizei- und Gerichtshoheit (am 29. August 1953) sowie am 17. Oktober 1953 die Militärhoheit, und am 9. November wurde das Land völlig in die Unabhängigkeit entlassen. Innenpolitisch bedeutete dieser persönliche Triumph des Königs den Niedergang der Demokratischen Partei sowie Son Ngoc Thanhs und den Aufstieg eher rechtsgerichteter Politiker wie Lon Nol, Nhek Tiulong und Penn Nuth. Für die meisten Kambodschaner aber hatte der Abzug der Franzosen wahrscheinlich nur geringe Bedeutung, da sie weiterhin Steuern an eine Verwaltung zahlen mußten, die so gut wie keinen Kontakt zur einfachen Bevölkerung besaß und sich hauptsächlich um den eigenen Status kümmerte. Soziale Veränderungen fanden also mit dieser Unabhängigkeit überhaupt nicht statt, und die einzigen, die dafür eintraten, die linksgerichteten Rebellen, gefährdeten nach Ansicht der Herrschenden die vielbeschworene Stabilität des Landes.

VI. *Der unabhängige Staat*

Die Ära Sihanuk

Die politische Gleichschaltung

Nach der Unabhängigkeit strebte Sihanuk danach, das Land außenpolitisch auf einen neutralen Kurs zu bringen und im Inneren den Widerstand zu eliminieren. Nach der französischen Niederlage bei Điên Bien Phu am 8. Mai 1954 kam es im gleichen Jahr zur Genfer Indochina-Konferenz, wo es den Vertretern Kambodschas gelang, die Viêt Minh-Aktivitäten in ihrem Land als Aggression einer fremden Macht darzustellen, während die Behauptung, es handele sich bei den Aufständischen in erster Linie um einheimische Kommunisten, zurückgewiesen wurde. Tatsächlich zogen sich die Viêt Minh-Truppen am 18. Oktober 1954 auf vietnamesischen Boden zurück, und viele der kambodschanischen Kommunisten, darunter auch Saloth Sar, kehrten aus dem Dschungel zurück, während Thanh gezwungen war, sich 1956 nach Thailand ins Exil zu begeben. Eine Mitgliedschaft in dem antikommunistischen Bündnispakt SEATO lehnte Sihanuk jedoch strikt ab. Für 1955 waren Wahlen vorgesehen, an denen sich auch die Pracheachon, die kommunistisch orientierte «Volkspartei», beteiligen sollte; man erwartete einen erneuten Sieg der «Demokraten». Doch wiederum ergriff Sihanuk die politische Initiative, indem er am 3. März 1955 zugunsten seines Vaters Norodom III. Suramarit auf den Königsthron verzichtete. Er verschaffte sich eine politische Hausmacht durch die Bildung einer Parteien-Union namens Saṅkum Răstr Niyum («Volkssozialistische Gemeinschaft»), die ein Programm vertrat, das wie in Burma einen «buddhistischen Sozialismus» propagierte und die Rolle einer Staatspartei spielen sollte. Hunderte von Demokraten, die es ablehnten, der Saṅkum-Partei beizutreten, verloren ihre Arbeit, und Leute, die für andere politische Parteien arbeiteten, wurden bedroht oder eingesperrt. Durch diese Politik der Einschüchterung, die unter anderem auch die (dann wortwörtlich zwischen 1975 und 1979 so eingetroffenen) Schrecken einer kommunistischen Herrschaft ausmalte, gewann Sihanuks Saṅkum-Partei am 11. September 1955 alle 91 Sitze der Nationalversammlung, und er selbst übernahm am 3. Oktober das Amt des Regierungschefs.

Die erhoffte innenpolitische Stabilisierung wurde dadurch bis zu einem gewissen Grad erreicht. Das persönliche Regiment Sihanuks mit seinen Repressionen gipfelte 1957 in der Auflösung der Demokratischen Partei. Als einzige Opposition blieb die Pracheachon übrig, die zu den Wahlen im Jahre 1958 alle Kandidaten außer einem zurückzog, so daß der Sieg der Saṅkum mit 99,9% der abgegebenen Stimmen im September 1958 nicht überraschend kam. Die nächsten beiden Jahre überlebte Sihanuks Regierung eine Reihe von Komplotten, die von Bangkok oder Saigon mit Duldung der USA ausgingen, weil Sihanuk in der Atmosphäre des Kalten Krieges als «prokommunistisch» eingestuft wurde. Sein Konzept nannte Sihanuk «aktive positive Neutralität», die u.a. darin bestand, daß Kambodscha nach 1954 von den USA umfangreiche Militärhilfe und von kommunistischen Staaten Wirtschaftshilfe bezog. Aufgrund der feindseligen Haltung der Nachbarstaaten wurde diese Politik jedoch immer wieder revidiert.

Als König Suramarit am 3. April 1960 starb, wurde Sihanuks Mutter Sisovath Kossomak Königin; für ihn selbst aber schuf man am 20. April das Amt eines «Staatschefs», das ihm weitere Machtfülle sicherte. Innenpolitisch begann er eine Annäherung an Elemente der kambodschanischen Linken und außenpolitisch an die Volksrepublik China, zu der bereits seit 1958 diplomatische Beziehungen bestanden. Möglicherweise suchte er bereits Rückendeckung nicht nur gegen die USA, sondern auch gegen das kommunistische Nordvietnam. Vor den Wahlen von 1962 hatten sich einige kambodschanische Linke wegen des Linksrucks von Sihanuk Saṅkum angeschlossen und wurden dafür belohnt, so etwa Khieu Samphan mit dem Amt des Handelsministers, während die Mitglieder der offiziellen prokommunistischen Partei Pracheachon leer ausgingen. Die Wahlen hatten kurz nach Ausbruch der Kämpfe zwischen der südvietnamesischen Regierung von Ngô Đình Diêm (1901–1963) einerseits und Nordvietnamesen und den Viêt Cong andererseits stattgefunden. Als weiteren Effekt seiner politischen Neuorientierung kündigte Sihanuk im November 1963 aus Protest gegen kambodschafeindliche CIA-Aktivitäten die US-Militärhilfe und vereinbarte mit der ehemaligen französischen Kolonialmacht, daß sie die bisherige Hilfe der USA fortsetzen sollte. Wie so oft in der kambodschanischen Geschichte wurde das Land aber bald in die vietnamesischen Ereignisse hineingezogen, zunächst nur dadurch, daß Nordvietnamesen und Viêt Cong die östlichen kambodschanischen Provinzen als Aufmarschgebiet nutzten. Sihanuk gelang es bis 1970, Kambodscha weitestgehend aus den eigentlichen Kriegshandlungen herauszuhalten. 1965 waren bereits über 200000 US-Soldaten in Südvietnam stationiert, um die Regierung in Saigon zu stärken und einen kommunistischen Sieg zu verhindern. Im selben Jahr erklärte Sihanuk wiederholt die Neutralität Kambodschas und versuchte Garantien für die Integrität seiner Grenzen von ausländischen Mächten zu erhalten. Schließlich brach er 1965 die Beziehungen zu den USA ab und bemühte sich um die Einberufung einer internationalen Konferenz, die die Neutralisierung Südostasiens und den Abzug der US-Truppen zum Ziel hatte. 1966 schloß er dann ein Geheimabkommen mit Nordvietnam, das diesem gestattete, Truppen in Kambodscha zu stationieren und Waffen über den Hafen Sihanoukville zu beziehen. Im Gegenzug sollten die Grenzen Kambodschas anerkannt und die kambodschanische Zivilbevölkerung und Armee nicht behelligt werden. Zur Unterstreichung der neutralen Position wurde Frankreichs Staatspräsident de Gaulle im September des gleichen Jahres zu einem Staatsbesuch eingeladen. Während dieser Visite forderten de Gaulle wie Sihanuk in einer öffentliche Rede die Neutralisierung Südostasiens.

Sihanuks Drahtseilakt zwischen Ost und West

Kurz darauf fanden Wahlen zur Nationalversammlung statt, bei denen die Vertreter lokaler Interessen innerhalb der Sañkum-Partei, von denen die meisten ideologisch konservativ waren, den Sieg über jene Kandidaten errangen, die hauptsächlich Sihanuk verpflichtet waren. Als Ergebnis der Wahlen wurde am 25. Oktober 1966 General Lon Nol (1913–1985), der Oberbefehlshaber der kambodschanischen Armee, Ministerpräsident, der wie seine Klientel den Bruch mit den USA bedauerte und auch die Verstaatlichung der Import- und Exportwirtschaft ablehnte, worin er besonders bei der sinokambodschanischen Wirtschaftselite Unterstützung fand. Obwohl er zum innersten Kreis der Berater Sihanuks gehörte, war er – wie viele andere – der Selbstherrlichkeit des Staatschefs überdrüssig geworden und betrachtete dessen «Beschwichtigungspolitik» gegenüber Hanoi und Peking als «nationalen Verrat». Bis zu diesem Wendepunkt hatte sich Sihanuk in der Innenpolitik auf die in der Mehrheit politisch indifferenten, aber königstreuen Bauern verlassen können.

Die aktive Politik war seit dem Ausbau von Sihanuks Macht 1952 auf die Hauptstadt Phnom Penh und einige Zentren beschränkt geblieben. Auch die Linke hatte der Prinz für längere Zeit neutralisiert. Als zugelassene politische Partei gab es nur die Pracheachon, die von Sihanuk beschuldigt worden war, «das Spiel des Viêt Minh und der kommunistischen Imperialisten» zu betreiben. Ihre Zeitungen wurden regelmäßig unterdrückt, Parteimitglieder ohne Anklage verhaftet, aber mit Sihanuks Politikwende verminderte sich der Druck.

Die «Roten Khmer» im Maquis

Währenddessen hatte sich – kurz nach dem Kongreß der vietnamesischen Arbeiterpartei im September 1960 in Hanoi – insgeheim eine kambodschanische Arbeiterpartei gebildet, offensichtlich unter Anleitung der vietnamesischen Kommunisten. Zu den prominentesten Mitgliedern zählten der Schullehrer Saloth Sar sowie Khieu Samphan und Ieng Sary. Als 1963 Studenten gegen die Saṅkum-Partei demonstrierten, sah Armeeoberbefehlshaber Lon Nol darin eine Gelegenheit, gegen die Linke vorzugehen. Saloth Sar und andere Mitglieder der im Verborgenen arbeitenden Partei flohen in den Dschungel, weil sie ihre Verhaftung befürchten mußten. Dort, im «Büro 100», einem mobilen Lager zwischen Kǒṃpoṅ Čaṃ und Nordvietnam, verbrachten sie die nächsten zwei Jahre, immer unter politischer Leitung der Vietnamesen. Ende 1965 bis September 1966 reisten Saloth Sar und andere nach Vietnam und dann weiter nach China. In Vietnam begegneten sie den seit den 1950er Jahren dort im Exil lebenden kambodschanischen Kommunisten, die von Saloth Sar/Pol Pot später besonders heftig angegriffen und verfolgt wurden. Während seines Besuches in China 1966 befand sich die Kulturrevolution auf ihrem Höhepunkt, die Saloth Sar ebenso beeindruckt haben dürfte wie die Propagierung der Eigenständigkeit des revolutionären Weges. Dies führte nach seiner Rückkehr zu einer Taktikänderung unter den als *khmer krobom*, «Rote Khmer», bezeichneten kambodschanischen Kommunisten, die sich jetzt «Kommunistische Partei von Kampuchea» nannten und ihr Hauptquartier in die viel unzugänglichere Provinz Ratanakiri verlegten. In diesem dünn besiedelten Gebiet kamen die «Roten Khmer» in engen Kontakt mit den dort lebenden Stammesgesellschaften, die der Khmer-Bevölkerung im allgemeinen feindlich gegenüberstanden, weil diese mit Straßen, Siedlern und Gummiplantagen in ihr Land eingebrochen waren. Hier trafen die «Roten Khmer» auf gesellschaftliche Verhältnisse, die nach der marxistischen Terminologie dem Urkommunismus entsprachen oder ihm doch sehr nahekamen. Die Wildnis war zwar seit altersher die der Kultur feindliche Region, aber auch der durch die Mythologie vorgeprägte Ort des Rückzugs für zukünftige Helden. Dennoch blieben die «Roten Khmer» völlig abseits vom politischen Geschehen und wären möglicherweise in Bedeutungslosigkeit versunken, wenn das Land vom Vietnamkrieg unbehelligt geblieben wäre.

Die Verstrickung in den Vietnamkrieg

Anfang 1967 kam es im Westen der Provinz Băttaṃbaṅ zu einem Bauernaufstand, weil Premier Lon Nol den Verkauf von Reisernten an die Nordvietnamesen und den Việt Cong unterbinden und die Ernten für die Regierung zu niedrigeren Preisen einkaufen wollte. Der von lokalen linken Kräften gesteuerte Aufstand wurde brutal niedergeschlagen. Als Sihanuk von einer Auslandsreise zurückkam, machte er die Linken in Phnom Penh dafür verantwortlich, insbesondere die drei verbliebenen Abgeordneten, darunter Khieu Samphan. Um sich der drohenden Verhaftung zu entziehen, flohen auch sie in den Dschungel. Sihanuk, der unter anderem durch die

Verbreitung von Mao Zedongs Kleinem Roten Buch («Maobibel») beunruhigt war, war bemüht, alle urbanen Strukturen der Linken zu zerschlagen. Anfang 1968 versuchten die Regierungstruppen, die schlecht ausgerüsteten «Roten Khmer» zu vernichten und drängten sie in die Defensive. Nach der kommunistischen Tet-Offensive in Südvietnam, die für den Viêt Cong äußerst verlustreich war, wurden dessen Streitkräfte in Kambodscha durch Nordvietnamesen ersetzt, die jetzt verstärkt mit den «Roten Khmer» zusammenarbeiteten. Die Kampagne gegen die Linken und die sich stetig verschlechternde wirtschaftliche Lage des Landes veranlaßten Sihanuk 1969 dazu, die diplomatischen Beziehungen zu Washington wieder aufzunehmen, wovon er sich umfangreiche Militär- und Wirtschaftshilfe versprach. Der neue US-Präsident Richard Nixon und sein Sicherheitsberater Henry Kissinger hatten jedoch andere Pläne. Sie wollten nach und nach die US-Truppen aus Südostasien abziehen und dabei gleichzeitig das Regime in Saigon stabilisieren. Um dies sicherzustellen, begannen im März 1969 massive Angriffe von B-52-Bombern auf Stellungen der vietnamesischen Kommunisten in Kambodscha, wobei es unklar bleibt, ob dies mit expliziter Billigung Sihanuks geschah oder er dies stillschweigend hinnahm. Diese von der US-Regierung vor dem eigenen Volk geheimgehaltene «Sideshow»[19] des Krieges veranlaßte viele junge Kambodschaner in den östlichen Provinzen, sich den Revolutionären anzuschließen. Ihre Stärke wurde Anfang 1970 auf knapp 4000 Bewaffnete geschätzt. In dieser Situation der ständig wachsenden Unzufriedenheit mit Sihanuk, die auf der politischen Bühne insbesondere von Prinz Sisovath Sirik Matak, dem Stellvertreter des seit 14. August 1969 wieder als Premier amtierenden Lon Nol, zum Ausdruck gebracht wurde, kam es zum Sturz des Staatschefs. Nachdem Sihanuk im Januar 1970 zu einem längeren Kuraufenthalt nach Frankreich gereist war, inszenierte die Jugendorganisation der Sankum-Partei – wohl mit Billigung der Regierung – Anfang März gewalttätige Demonstrationen gegen die Botschaften Nordvietnams und der südvietnamesischen Befreiungsfront in Phnom Penh, Aktionen, von denen sich der abwesende Staatschef sofort scharf distanzierte. Daraufhin wurde er am 18. März 1970 mit 83 gegen drei Stimmen in der Nationalversammlung aller seiner Ämter enthoben und seine Mutter als Königin abgesetzt. Sihanuk, der sich zu jener Zeit auf der Rückreise von Frankreich in Moskau befand, flog von Moskau nach Peking und erhielt dort politisches Asyl. Nach Gesprächen mit Zhou Enlai und dem nordvietnamesischen Ministerpräsidenten Pham Van Dong stimmte er zu, die Führung über eine Regierung der Einheitsfront zu übernehmen.

Zwischen Trauma und Hoffnung

Die Khmer-Republik

Die Regierung Lon Nols forderte unmittelbar nach dem Sturz Sihanuks von Hanoi ultimativ den sofortigen Rückzug aller Streitkräfte Nordvietnams und der Befreiungsfront von kambodschanischem Boden. Damit wurden antivietnamesische Emotionen geweckt, die in blutigen Pogromen gegen die seit vielen Generationen in Kambodscha lebende vietnamesische Minderheit gipfelten und die Tausende das Leben kostete. Wurde der Staatsstreich in den Städten noch von vielen begrüßt, so brachen im östlichen Teil des Landes Aufstände aus, die sich gegen den Sturz Sihanuks richteten. Als die Nordvietnamesen das Ultimatum ignorierten, meldeten sich viele Kambodschaner zur Armee, aber diese erlitt in den darauffolgenden Wochen erhebliche Verluste. Sehr bald geriet das Regime in Phnom Penh in Bedrängnis, und da auch die B-52-Einsätze keine erkennbare Wirkung zeigten, kam die Nixon-Administration zu der Überzeugung, daß nur eine zeitlich und räumlich «begrenzte militärische Operation» in Kambodscha selbst den 40000 Mann starken nordvietnamesischen Streitkräften einen entscheidenden Schlag zufügen konnte. Vom 30. April bis zum 30. Juni 1970 richtete die Invasion von US- und südvietnamesischen Truppen erhebliche Zerstörungen mit großen Verlusten hauptsächlich unter der Zivilbevölkerung an, die Schlagkraft der Nordvietnamesen wurde jedoch nicht gebrochen, weil diese zum Teil weiter in den Westen Kambodschas auswichen. Im Gegenteil: Die nordvietnamesischen Truppen, die ursprünglich nur in den drei kambodschanischen Nordostprovinzen operiert hatten, kämpften im Sommer 1970 bereits in 8 der insgesamt 17 Provinzen des Landes. Möglicherweise hätten sie zu diesem Zeitpunkt schon Phnom Penh erobern können, wären nicht der massive Einsatz der B-52-Bomber und ein gewisses Desinteresse der Regierung in Hanoi gewesen.

Inzwischen hatte Prinz Sihanuk am 5. Mai in seinem Exil in Peking die «Königlich Kambodschanische Regierung der Nationalen Einheit» im Bündnis mit den von ihm noch kürzlich verfolgten «Roten Khmer» gebildet. Dieses Zweckbündnis gab den Kommunisten in Kambodscha den Anstrich echter Patrioten und sicherte ihnen die Unterstützung königstreuer Bauern; zudem konnten sie auch international das ungebrochene Prestige des Prinzen Sihanuk für sich nutzen. Für die Außenwelt blieb ihre Führung während des ganzen Krieges anonym, d.h. Saloth Sar war eine völlig unbekannte Größe; prominent war lediglich der Befehlshaber der «Roten Streitkräfte», Khieu Samphan, der seit 1967 als «verschollen» galt und nun der Exilregierung als stellvertretender Ministerpräsident und Verteidigungsminister angehörte. Die Sowjetunion nahm zusammen mit den meisten anderen Ostblockstaaten keine Beziehungen zur Exilregierung auf, sondern blieb in Phnom Penh akkreditiert. Ein Gericht in der Hauptstadt ließ Sihanuk am 5. Juli in Abwesenheit wegen Landesverrat und Korruption zum Tode verurteilen. Am 9. Oktober 1970 wurde unter großer Begeisterung der Bevölkerung die Republik mit Cheng Heng als Staatspräsident proklamiert. Doch die gefeierte «Befreiung von der Tyrannei des Königtums» und der erhoffte Beginn einer Zeit wirtschaftlichen und sozialen Fortschritts erwies sich als trügerisch, da auch das neue Regime wenig leistungsfähig und eher korrupt war. Minister verschoben Nahrungsmittel und Generäle Kriegsausrüstung an die gegnerischen Truppen, Kommandeure unterschlugen monatelang den Wehrsold ihrer Soldaten, und obwohl man in einem Anflug nationaler Euphorie die 30000 Mann starke Armee auf 150000 erhöht hatte, verlor die Regierung binnen eines Jahres mehr Territorium an die Kommunisten als Sihanuk während seiner gesamten Herrschaft.

Bereits die Operation Chenla I (so benannt nach der alten chinesischen Bezeichnung Zhenla für Kambodscha) Ende 1970 war ein Fehlschlag, aber Lon Nol versuchte mit Chenla II im Herbst 1971 nochmals, mit seinen schlecht ausgebildeten, schlecht ausgerüsteten und teilweise schlecht geführten Truppen die Initiative an sich zu reißen. Am 27. Oktober 1971 griffen die Nordvietnamesen die Streitkräfte der Khmer-Republik an und dezimierten sie binnen eines Monats so stark, daß sie sich unter Aufgabe aller wichtigen Stellungen in Unordnung und mit großen Verlusten zurückzogen. Obwohl die Hauptlast der Kämpfe von den Nordvietnamesen bestritten wurde, beteiligten sich auch die Streitkräfte der «Roten Khmer», die zunehmend besser organisiert waren und auch an Truppenstärke zunahmen. Nach dem Desaster der Chenla-II-Kampagne war die Lon-Nol-Regierung nur noch zur Defensive fähig, so daß sich die kambodschanischen Kommunisten auf die Umgestaltung der Gesellschaft und die Rekrutierung neuer Mitglieder konzentrieren konnten, wozu eine schnelle Kollektivierung und die Abgrenzung von den

Vietnamesen gehörten. Gegen Ende 1972 zeichnete sich bei der Pariser Vietnam-Konferenz die Möglichkeit einer Übereinkunft zwischen den USA und Nordvietnam ab, und nach einer nochmaligen Intensivierung der Bombardements auf Nordvietnam wurde am 27. Januar 1973 ein Friedensabkommen geschlossen, dessen § 20 den Abzug aller fremden Truppen aus Kambodscha vorsah. Die Nordvietnamesen drängten die «Roten Khmer» und die USA die Lon-Nol-Regierung, sich dem Abkommen anzuschließen. Dies wurde jedoch von Saloth Sar abgelehnt, der mit seinen Truppen jetzt auf sich allein gestellt war, da die Vietnamesen unter Mitnahme ihrer Gerätschaften das Land verließen. Die «Roten Khmer» sahen solches Vorgehen als Verrat an, und kambodschanische Kommunisten, die in Vietnam ausgebildet worden waren, wurden ihrer Posten enthoben und teilweise sogar hingerichtet.

Anfang 1973 versuchten die «Roten Khmer», ihr Territorium auszudehnen und begannen mit der Einführung landwirtschaftlicher Kooperativen, der Unterdrückung des Buddhismus, der Bildung von Jugendorganisationen, deren Mitglieder ihren Familien entrissen wurden, der Vernichtung der Volkskultur und der Verordnung einer einheitlichen Kleidung (die sogenannten «Pyjamas» aus schwarzer Baumwolle). Die Folge dieser Maßnahmen war die Flucht von 20000 Kambodschanern nach Südvietnam. Gleichzeitig fingen die USA einen Bombenkrieg bisher nicht gekannten Ausmaßes gegen Kambodscha an. Während die B-52 im gesamten Jahr 1972 ca. 37000 Tonnen Bomben abgeworfen hatten, fielen im Zeitraum von März bis August 1973 etwa eine Viertelmillion Tonnen Bomben, sehr oft auch auf dichtbesiedelte Gebiete, was neue Flüchtlingsströme auslöste. Später bezeichneten viele Journalisten die «Roten Khmer» wegen des von ihnen verübten Genozids und ihrer Brutalität als «Steinzeitkommunisten», aber ernsthafte Studien gehen davon aus, daß das «Bombardieren in die Steinzeit» in Nixons und Kissingers geheimem Krieg ebensoviele Opfer kostete, bei einer Anklage als Kriegsverbrecher aber immer nur von Pol Pot und niemals von Henry Kissinger die Rede war[20]. Trotz dieser US-Luftwaffenunterstützung und einer US-Militärhilfe von mehr als 200 Millionen Dollar im Jahr konnte sich das Lon-Nol-Regime nur mühsam behaupten und versank vollends in Korruption. Zum anderen bekamen die «Roten Khmer» als Folge der Zerstörung der ländlichen Gesellschaft rapiden Zulauf.

Zu dieser Zeit unternahm Prinz Sihanuk eine mehrwöchige Rundreise (bis zum 11. April) durch das von den kambodschanischen Kommunisten kontrollierte Gebiet, von denen er formell als Staatsoberhaupt anerkannt wurde. Hier begegnete er denselben Männern als seinen Alliierten, die er vor seinem Sturz so heftig bekämpft hatte, doch nahmen die Spannungen zwischen den «Königstreuen» und den Kommunisten zu. Im Herbst 1973 erklärte Sihanuk in Peking, die «Roten Khmer» verweigerten der «Königlichen Regierung der nationalen Einheit» die Rückkehr nach Kambodscha und er habe deshalb alle Regierungsverantwortung Khieu Samphan übertragen. Dieser wurde dann auch bei einem Besuch in Peking am 28. März 1974 mit den protokollarischen Ehren eines Regierungschefs empfangen, während Sihanuk auf die zeremonielle Rolle eines Staatsoberhauptes reduziert war. Als der US-Kongreß am 15. August 1973 den Bombenkrieg in Kambodscha beendete, war das Land abgesehen von einigen Städten und Kommunikationswegen weitgehend von den «Roten Khmer» kontrolliert. In der Hauptstadt, deren Einwohnerzahl durch Flüchtlingsströme in drei Jahren von 600000 auf rund zwei Millionen angewachsen war, lebte fast ein Drittel der kambodschanischen Gesamtbevölkerung. Die Guerillas der «Roten Khmer», inzwischen auf rund 60000 angestiegen, begannen am 6. Januar 1974 mit einer Trockenzeit-Offensive auf Phnom Penh, und der Belagerungsring zog sich immer dichter zusammen, obwohl sie die Stadt nicht einnehmen konnten. Dieser Zustand sollte allerdings noch über ein Jahr andauern. Nach einer neuen, am 1. Januar 1975 begonnenen Offensive wurde die Hauptstadt endgültig eingekreist: Am 1. April verließ Lon Nol das Land, und am 12. April wurde die US-Botschaft evakuiert. Am 17. April 1975 – dreizehn Tage vor der Kapitulation Saigons – ging der Kampf um Phnom Penh mit dem völligen Sieg der Kommunisten zu Ende.

Die Herrschaft der «Roten Khmer»

Noch vor der Einnahme Phnom Penhs entschied das Zentralkomitee der Kommunisten, die Hauptstadt zu evakuieren und die dreieinhalb Millionen Menschen aus Phnom Penh und den wenigen anderen Städten wie Vieh aufs Land zu treiben, so daß sie keine Gefahr für die Partei darstellten und außerdem in der landwirtschaftlichen Produktion eingesetzt werden konnten. Weiterhin wurde die Abschaffung des Geldes, der Märkte und des Privatbesitzes beschlossen. Damit begann die völlige Umgestaltung der Gesellschaft in jenem Staat, der jetzt als das «Demokratische Kampuchea» bezeichnet wurde, für die meisten Kambodschaner der Anfang einer unvorstellbaren Tragödie. Zunächst erfolgte die Hinrichtung der unmittelbaren Gefolgsleute Lon Nols, Prinz Sirik Mataks und seines letzten Premiers (1973–1975), Long Boreth, sodann die systematische Liquidierung der «Anhänger» des alten Regimes. Dazu zählten alle 250000 Angehörigen der republikanischen Armee, 50000 Polizisten, 70000 Beamte und Angestellte, 20000 Lehrer sowie 30000 Angehörige anderer intellektueller oder gehobener Berufe sowie die buddhistischen Mönche, die als «Neue Leute» oder «Leute des 17. April» bezeichnet wurden. Von der ehemaligen Oberschicht wurden die meisten in sadistischen Massenhinrichtungen umgebracht. Häufig genügte es, Brillenträger zu sein, um in den Verdacht zu geraten, lesen und schreiben zu können, was einen automatisch zum Todeskandidaten machte. Viele Verdächtige kamen in das berüchtigte Foltergefängnis Tuol Sleng in Phnom Penh, bekannt als Verhörzentrum «S-21», darunter auch nach einiger Zeit «Rote Khmer», die den Säuberungen zum Opfer fielen. Nach Schätzungen wurden insgesamt etwa 20000 Personen dort monatelangen Verhören unterzogen, bevor man die meisten von ihnen an einem bestimmten Ort außerhalb der Stadt exekutierte und begrub. Die Geständnisse sind zum Teil so absurd, daß man sich fatal an die Säuberungen der Stalinzeit in der Sowjetunion in den 1930er Jahren erinnert fühlt. So wurde im Mai 1976 ein bedeutender Kommandeur und Politkommissar der «Roten Khmer», ein ehemaliger Mönch, der «Verschwörung» angeklagt und bekannte schließlich, für die CIA, die Vietnamesen und die *Khmer Serei* (eine ehemalige proamerikanische Anti-Sihanuk-Gruppe) gearbeitet zu haben; völlig unwahrscheinlich klang dabei die Behauptung, die *Khmer Serei* seien von sowjetischen und vietnamesischen Kommunisten unterstützt worden.

Wer nicht unmittelbar politisch verfolgt wurde, mußte unter Bewachung in Arbeitsbrigaden auf den Reis- und Baumwollfeldern, beim Straßen- und Kanalbau unter unmenschlichen Bedingungen schuften, wobei viele verhungerten, verdursteten, an Entkräftung oder Krankheitem starben oder erschlagen wurden. Unmittelbar verantwortlich dafür waren vor allem junge Kader, die das ausführten, was sie unter dem Willen der Partei verstanden. Auf diese Weise entstanden überall in Kambodscha die berüchtigten «Killing Fields», d.h. die Getöteten wurden neben den Feldern, die sie bearbeitet hatten, begraben.

Tatsächlich wurden fast alle Angehörigen des bürgerlichen Mittelstandes, dem auch die Führer der kambodschanischen Kommunisten entstammten, physisch vernichtet, alle religiösen und kulturellen Institutionen zerstört, Buddha-Statuen zertrümmert, Pagoden und Bibliotheken, aber auch die Moscheen der Cham-Minderheit in Schweineställe verwandelt. Die Familien wurden auseinandergerissen, Kinder in die Jugendorganisation der Kommunisten gesteckt, so daß jeder auf sich allein gestellt dem erbarmungslosen Terror der «Roten Khmer» ausgesetzt war. Diese traten nach außen noch nicht einmal als Partei auf, sondern führten ihr Terrorregime im Namen von «Angkar», d.h. dem Führungskader, von dem der Weltöffentlichkeit allenfalls Khieu Samphan und Ieng Sary bekannt waren, während Saloth Sar zunächst weiterhin eine unbekannte Größe blieb.

Auf Druck der Volksrepublik China kehrte Prinz Sihanuk nach Kambodscha zurück und wurde formell Staatsoberhaupt des «Demokratischen Kampuchea», hatte aber keinerlei Machtbefugnisse. Im Oktober 1975 wurden an elf Männer und zwei Frauen quasi Ministerposten vergeben; fünf von ihnen fielen zwischen 1976 und 1978 Säuberungen zum Opfer. Als im Januar 1976 in Peking Sihanuks Fürsprecher Zhou Enlai starb, wurde der Prinz im März zum Rücktritt gezwungen und in seinem Palast unter Hausarrest gestellt. Staatspräsident wurde am 12. April 1976 Khieu Samphan, der seit der Machtübernahme Ministerpräsident gewesen war, ein Amt, das am 13. Mai Pol Pot, der sich jetzt innerhalb der Partei unter diesem Namen offenbarte, übernahm. Er arbeitete einen Vierjahresplan aus, in dem die Kollektivierung, der revolutionäre Wille, die Autarkie und die Stärkung der Armen zu den wichtigsten Punkten gehörten. Gleichzeitig begann er mit einer Säuberung der Partei, die angeblich von Feinden im Inneren wie auch von außen bedroht war. Zu den äußeren Feinden zählte in erster Linie Vietnam, mit dem es immer wieder militärische Zusammenstöße gab. Pol Pot selbst sah die eigene kommunistische Partei von vietnamesischen Agenten durchsetzt, die angeblich danach trachteten, das Demokratische Kampuchea zu vernichten. Erst im Oktober 1977 enthüllte Pol Pot, seit September erneut Ministerpräsident, bei einem Staatsbesuch in Peking, daß er der Generalsekretär der kambodschanischen KP sei und früher den Namen Saloth Sar getragen habe. In der Volksrepublik China suchte Pol Pot u.a. Rückendeckung gegenüber Vietnam, mit dem Kambodscha seit Herbst 1977 in regelrechte Kampfhandlungen verwickelt war. China übte zunehmend Druck auf Vietnam aus, das seinerseits von der Sowjetunion unterstützt wurde. Die Säuberungen, mit denen man angeblich von Hanoi gesteuerten Putschversuchen zuvorkommen wollte, führten dazu, daß etwa 150000 Kambodschaner nach Vietnam flüchteten, darunter auch ehemalige Kader der «Roten Khmer» wie der einst im Nachbarland ausgebildete Offizier Heng Samrin und der spätere Premier Hun Sen.

Bereits Anfang 1978 hatten die Vietnamesen bei einer begrenzten Invasion in Kambodscha ihre Stärke gezeigt, sich dann aber wieder zurückgezogen, was von den «Roten Khmer» als bedeutender Sieg gefeiert wurde. Im Glauben an die eigene Unbesiegbarkeit intensivierten sie den Krieg gegen Vietnam. Dort aber war eine «Nationale Kambodschanische Befreiungsfront» unter Führung Heng Samrins organisiert worden, die die im Dezember 1978 begonnene Blitzoffensive der vietnamesischen Streitkräfte gegen das Pol-Pot-Regime mit einigen Bataillonen unterstützte. Nach der Eroberung Phnom Penhs am 8. Januar 1979 und der Flucht der Pol-Pot-treuen «Roten Khmer» in den Dschungel bildete der damals 45jährige Heng Samrin eine neue kambodschanische Regierung, die sofort von der Sowjetunion anerkannt wurde. Nur wenige Tage vor der Einnahme der Hauptstadt hatte die Pol-Pot-Regierung Prinz Sihanuk aus seinem Arrest entlassen und ihn nach Peking fliegen lassen, um die Weltöffentlichkeit gegen die «vietnamesische Aggression» zu mobilisieren. Vor dem Weltsicherheitsrat der UNO hielt Sihanuk ein leidenschaftliches Plädoyer, in dem er Vietnam der Vergewaltigung seines Volkes anklagte, sich aber gleichzeitig vom Pol-Pot-Regime distanzierte. Durch diesen öffentlichen Bruch mit dem immer noch von China anerkannten Regime, zu dessen Entlastung Chinas starker Mann Deng Xiaoping eine Strafexpedition in den Norden Vietnams unternahm, verletzte Sihanuk die Interessen seiner früheren Gastgeber und ging daher für eine gewisse Zeit in die nordkoreanische Hauptstadt Pyöngyang.

Vorsichtige Schätzungen beziffern die Zahl der menschlichen Opfer des Regimes der «Roten Khmer» auf 800 000 bis 1 Million, d.h. ein Achtel der Gesamtbevölkerung (wobei die Opfer des Krieges gegen Vietnam nicht mitgerechnet wurden). Die meisten von ihnen waren durch die unmenschlichen Arbeitsbedingungen gestorben, d.h. durch Unterernährung, Zwangsarbeit, unbehandelte Krankheiten und Willkürexekutionen bei den «Killing Fields». Etwa 10 000 Männer und Frauen waren ohne Verhandlung hingerichtet worden, während ca. 20 000 zuvor Foltern im Gefängnis «S 21» (Tuol Sleng) durchliefen. Bezeichnenderweise hatten viele «Rote Khmer» auch nach dem Sturz ihres Regimes kein Unrechtsbewußtsein, da sie nach wie vor der Überzeugung waren, das getan zu haben, was notwendig für den Aufbau einer klassenlosen Gesellschaft war.

Die Volksrepublik Kampuchea

Fast jeder Kambodschaner aus der einfachen Bevölkerung, der nicht zu den «Roten Khmer» gehörte, begrüßte die vietnamesische Invasion und akzeptierte die eingesetzte Marionettenregierung, weil sich damit die Hoffnung verband, nach dem Schrecken des Pol-Pot-Regimes einen Teil der vorrevolutionären Normalität zurückzugewinnen. Unmittelbar im Anschluß an die Vertreibung der «Roten Khmer» in den Dschungel begann zwischen China und der Sowjetunion ein internationales Tauziehen darum, welche kambodschanische Regierung rechtmäßig sei. Während die Sowjetunion, die meisten kommunistischen Staaten und einige Länder der Dritten Welt die Heng-Samrin-Regierung anerkannten, wurde das «Demokratische Kampuchea» nicht nur von China, sondern jetzt auch von den USA (die nach wie vor antivietnamesisch gesinnt waren) und damit einer großen Mehrheit der Staaten unterstützt und behielt deshalb seinen Sitz in der UNO. Bei den Vietnam benachbarten nichtkommunistischen ASEAN-Staaten (Thailand, Malaysia, Singapur, Indonesien und Philippinen) fürchtete man sich davor, daß Vietnam seine Vormachtstellung in Südostasien weiter ausbauen könnte und sah in den Guerillas der «Roten Khmer» ein geeignetes Mittel, dem vorzubeugen. Dieses realpolitische Verhalten tolerierte also weiterhin ein Regime von Massenmördern, dessen Schreckensherrschaft in den Jahren 1980 und 1981 auch einer breiten Weltöffentlichkeit bekannt wurde und daher weltweite Hilfsaktionen für Kambodscha auslöste. Um den schlechten Ruf des «Demokratischen Kampuchea» aufzubessern, wurde im Dezember 1979 Pol Pot offiziell von der Führung der «Roten Khmer» entfernt und durch den weniger kompromittierten Khieu Samphan abgelöst. Ziel dieser Maßnahme war zudem, eine Übereinkunft mit anderen, nationalistischen kambodschanischen Widerstandsgruppen gegen das Regime in Phnom Penh zu erleichtern. Besonders unmittelbar nach dem Umsturz war die Situation im Lande katastrophal, da eine Hungersnot ausbrach. Anfang der 1980er Jahre lebten etwa 300000 Kambodschaner in Lagern an der kambodschanisch-thailändischen Grenze, die häufig politisch von Widerstandsgruppen kontrolliert wurden, unter denen die «Roten Khmer», die immer noch über 20000 Guerillas verfügten (hauptsächlich sehr junge Leute), den meisten Einfluß hatten. Führer dieser Widerstandsgruppen wurde wieder einmal Prinz Sihanuk.

Andererseits konnte die von der Revolutionären Volkspartei Kampucheas geführte Regierung der Volksrepublik Kampuchea allmählich eine funktionierende Verwaltung aufbauen und das Land zur Normalität zurückführen, was u.a. die Aufhebung der kollektiven Zwangsarbeit und der Religionsverfolgung bedeutete. Dennoch bedurfte sie noch längere Zeit des Schutzes der vietnamesischen Besatzungstruppen gegen die «Roten Khmer» und die nationalistischen Guerilla-Einheiten. 1982 bildete sich auf seiten des Widerstandes eine Koalitionsregierung aus «Roten Khmer», Royalisten und Anhängern des in den 1960er Jahren amtierenden Ministerpräsidenten Son Sann (1911–2000). Gegen die wachsende Guerillatätigkeit unternahmen die Vietnamesen zusammen mit den Truppen der Volksrepublik Kampuchea zwischen 1983 und 1985 mehrere Großoffensiven, in deren Verlauf die Koalitionsverbände nach Thailand vertrieben und ihre Lager zerstört wurden. Damit Hand in Hand ging der Aufbau einer kambodschanischen Armee von 50000 Mann, deren Kampfkraft zunahm.

Nach dem Tod von Ministerpräsident Chan Si in Moskau am 28. Dezember 1984 wurde am 14. Januar 1985 der erst 34jährige Hun Sen neuer Premier, der seitdem bis auf den heutigen Tag eine beherrschende Rolle in der Politik des Landes spielt. Mit der neuen Entspannungspolitik der Sowjetunion unter Gorbačev gegenüber dem Westen verringerte sich die militärische und finanzielle Unterstützung Vietnams, das den Großteil seiner Besatzungstruppen aus Kambodscha abzog und an Einfluß verlor. Seit 1987 gewann das Land größere Selbständigkeit, und am 1. Mai 1989 wurde die Bezeichnung «Volksrepublik Kampuchea» zugunsten von «Staat Kampuchea» aufgegeben, wodurch die ideologische Ungebundenheit demonstriert werden sollte. Weitere Schritte waren am 20. Juli die Erklärung Kambodschas zum «neutralen Land» und am 30. Juli der Beginn einer internationalen

Konferenz unter Beteiligung der USA, Chinas und der UdSSR, die zwar keine Ergebnisse brachte, aber dennoch den Entschluß Vietnams, seine Truppen zurückzuziehen, nicht beeinflußte. Die letzten, 26000 Mann starken Verbände verließen dann im September 1989 das Land. Dieser Rückzug hatte allerdings das erneute Eindringen von Koalitionstruppen unter Federführung der «Roten Khmer» zur Folge, die sich des Edelsteingebietes um Pailin südlich und westlich von Băttaṃbaṅ und dünnbesiedelter Bergregionen im Nordwesten und Südwesten Kambodschas bemächtigten, von wo aus sie wiederholt größere Städte bedrohten. Trotz dieser erneuten militärischen Konfrontation wurde bei einem Treffen zwischen Hun Sen und Prinz Sihanuk in Bangkok im Februar 1990 ein Abkommen über die künftige Präsenz der UNO in Kambodscha geschlossen, die freie Wahlen vorbereiten sollte. Im Rahmen der globalen Entspannung zogen am 18. Juli 1990 die USA die diplomatische Anerkennung der Widerstandskoalition zurück und stellten die finanzielle Unterstützung ein. Am 27. August einigten sich die fünf ständigen Mitglieder des UN-Sicherheitsrates auf eine umfassende politische Lösung für Kambodscha. Schließlich beendeten am 3. September die Sowjetunion und China ihre Waffenlieferungen an die Bürgerkriegskontrahenten. Diese Ereignisse machten den Weg für einen im August 1991 geschlossenen Waffenstillstand frei, dem am 16. Oktober ein Beschluß des UN-Sicherheitsrates zur Entsendung einer Friedenstruppe nach Kambodscha folgte. Unmittelbar darauf (17.–18. Oktober) verkündete die Revolutionäre Volkspartei Kampucheas ihre Abkehr vom Marxismus-Leninismus und änderte ihren Namen in Kambodschanische Volkspartei (*Cambodian People's Party*, CPP). Nach der Unterzeichnung eines Friedensabkommens der vier Bürgerkriegsparteien am 23. Oktober in Paris übernahm die *United Nations Transitional Authority in Cambodia* (UNTAC) in Zusammenarbeit mit dem Obersten Nationalrat für 18 Monate die Verwaltung des Landes. So konnte am 14. November 1991 Prinz Sihanuk nach über 12jähriger Abwesenheit nach Phnom Penh zurückkehren und wurde am 20. November als Staatsoberhaupt eingesetzt. Damit stand erneut jener Mann an der Spitze des Staates, in dem viele Kambodschaner noch immer eine Integrationsfigur sahen.

Wege zur Demokratie

Ein erster Schritt zur Demokratisierung bestand in der Einführung eines Mehrparteiensystems am 27. Dezember 1991, der am 4. Januar 1992 die Aufhebung des seit 1975 geltenden Handelsembargos durch die USA folgte. Mit der Repatriierung der ca. 370000 Flüchtlinge unter der Schirmherrschaft des UN-Flüchtlingshochkommissariats begann man am 30. März eines der schwierigsten Probleme des Landes zu lösen. Dies erschwerte gleichzeitig den in Opposition zur Regierung stehenden Gruppen, insbesondere den «Roten Khmer», die Möglichkeit zur Rekrutierung neuer Soldaten. Wohl um ihre Position zu verbessern, griffen die «Roten Khmer» im Mai 1992 trotz des Friedensabkommens die Regierungstruppen in Zentralkambodscha an. Dennoch konnten bis Ende August 100000 Flüchtlinge nach Hause zurückkehren. Da sich die «Roten Khmer» der durch die UNTAC ab dem 13. Juni durchgeführten Demobilisierung der Bürgerkriegsparteien entzogen, wurden sie auf Beschluß des UN-Sicherheitsrates vom 21. Juli von der internationalen Hilfe für das Land ausgeschlossen. Sie lösten zwar am 30. November die «Partei des Demokratischen Kampuchea» auf und gründeten die Partei «Nationale Einheit Kampucheas», gebrauchten aber weiterhin militärische Gewalt und griffen am 1. Januar 1993 sogar einen UNTAC-Stützpunkt in der Provinz Siem Răp an. Je näher der Wahltermin rückte, desto aggressiver wurden die Truppen der «Roten Khmer», welche am 13. April 1993 ihren Auszug aus dem Obersten Nationalrat erklärten. Eine wichtige Voraussetzung für die Durchführung der Wahlen war die endgültige Repatriierung der Flüchtlinge und die Schließung des letzten Lagers in Thailand am 30. März. Trotz zahlreicher Anschläge, für die hauptsächlich die «Roten Khmer» verantwortlich gemacht wurden, beteiligten sich an den freien Wahlen unter UNTAC-Aufsicht zwischen dem 23. und 28. Mai 1993 über 90% der Bürger. Von den insgesamt 120 Sitzen errang die von Prinz Norodom Ranariddh, einem Sohn Sihanuks, geführte Partei FUNCINPEC (*Front Uni National pour un Cambodge Indèpendant, Neutre, Pacifique Et Coopératif*) 58 Sitze, Hun Sens CPP 51 Sitze und die BLDP (*Buddhist Liberal Democratic Party*) von Son Sann 10 Sitze. Am 18. Juni einigten sich Ranariddh und Hun Sen auf eine gemeinsame Regierung, in der beide als Premierminister die Regierungsgeschäfte ausübten. Überraschenderweise erkannte Khieu Samphan am 16. Juni das Wahlergebnis an und erklärte etwa einen Monat später, die Kampfhandlungen einzustellen, wenn die «Roten Khmer» an der Regierung beteiligt würden. Durch die neue Verfassung vom 21. September 1993 wurde Sihanuk am 24. September erneut zum König eingesetzt und am selben Tag Ranariddh zum «Ersten Premier» und Hun Sen zum «Zweiten Premier» ernannt. Damit endete auch die UNTAC-Mission, die das Land im Grunde genommen erstmals seit 1975 in größerem Umfang wieder in Kontakt mit der Außenwelt brachte und auch mit neuen Problemen wie etwa dem AIDS-Virus konfrontierte. Ein weiterhin ungelöstes Problem blieben die «Roten Khmer», die man zwar seit Anfang 1994 militärisch niederringen wollte, die aber weiterhin etwa 20% des Staatsgebietes beherrschten. Nach dem Scheitern neuer Aussöhnungsgespräche wurden die «Roten Khmer» am 7. Juli 1994 für illegal erklärt, aber Überläufern für den Zeitraum von 6 Monaten eine Amnestie gewährt. Daraufhin bildete Khieu

Samphan eine Gegenregierung in der Provinz Práḥ Vihār und intensivierte seine Angriffe auf die Regierungstruppen. Es ist aber wahrscheinlich, daß nach wie vor Pol Pot die führende Gestalt in dieser Guerilla-Bewegung war.

Obwohl die «Roten Khmer» nach wie vor eines der Hauptprobleme des Landes darstellten, beherrschte auch das alte Trauma der Überfremdung des Landes durch Vietnamesen die Tagespolitik. Deshalb verabschiedete die Nationalversammlung am 22. September 1994 mit 97 gegen eine Stimme ein neues Einwanderungsgesetz, das den Zuzug neuer Vietnamesen erschweren sollte. Außerdem zeigten sich Risse in der FUNCINPEC, deren Führer Prinz Ranariddh den Finanzminister Sam Rainsy entließ, der daraufhin die *Khmer National Party* (KNP) gründete. In dieser Situation, die durch erhöhte Kampftätigkeit der «Roten Khmer», Übergriffe der Armee gegenüber der Bevölkerung und eine drohende Hungersnot aufgrund einer schlechten Ernte gekennzeichnet war, drohte Kambodscha 1995 erneut im Chaos zu versinken, da sich wiederum 200000–300000 Menschen auf der Flucht befanden. Die Krise konnte durch massive internationale Hilfe bewältigt werden, und aufgrund der militärischen Patt-Situation sahen einige Führer der «Roten Khmer» keine Chance mehr, erneut die Macht im Land zu erringen. Deshalb brach Ieng Sary, der ehemalige Außenminister des «Demokratischen Kampuchea», im August 1996 mit Pol Pot, schloß am 7. September für seine Fraktion ein Friedensabkommen und wurde wenige Tage später von König Sihanuk amnestiert. Im November liefen dann weitere 8000 Kämpfer der «Roten Khmer» zu den Regierungstruppen über und wurden ebenfalls amnestiert. An dieser Frage der übergelaufenen «Roten Khmer» entzündete sich u.a. der Streit der miteinander rivalisierenden Parteien und ihrer Führer. Bei Demonstrationen der KNP kam es am 30. März 1997 zu einem Anschlag auf deren Führer Sam Rainsy, der aber mißlang. Mitte Juni gingen dann die Auseinandersetzungen der beiden Ministerpräsidenten in einen offenen bewaffneten Konflikt über, in dessen Verlauf Prinz Ranariddh am 6. Juli 1997 durch einen Putsch aus dem Amt vertrieben wurde. Er und andere Mitglieder der Königsfamilie gingen ins Exil, während Hun Sen erklärte, am vorgesehenen Wahltermin festhalten zu wollen, und am 6. August den Außenminister und das FUNCINPEC-Mitglied Ung Huot pro forma als neuen «Ersten Premier» akzeptierte. Folge dieses Staatsstreiches war die Flucht mehrerer tausend Kambodschaner und der bewaffnete Widerstand gegen Hun Sen, der eine Verhandlungslösung anstrebte. König Sihanuk sanktionierte die neue Lage durch das Ausstellen einer Ernennungsurkunde. Die Rückkehr zahlreicher Politiker nach Kambodscha, darunter auch Sam Rainsy, beendete schließlich im November und Dezember 1997 die Krise; letzterer rief auf einem «Friedensmarsch» am 7. November zur nationalen Versöhnung auf. Am 27. Februar 1998 veranlaßten Hun Sen und Ranariddh ihre an der thailändischen Grenze miteinander kämpfenden Truppen zu einem unbefristeten Waffenstillstand. Danach wurde Ranariddh in Abwesenheit wegen Waffenschmuggels zu 5 Jahren und wegen «Gefährdung der nationalen Sicherheit» (durch Verhandlungen mit Gruppierungen der «Roten Khmer») zu 30 Jahren Haft verurteilt und anschließend von seinem Vater, König Sihanuk, amnestiert.

Zeitlich parallel dazu vollzog sich der endgültige Niedergang der «Roten Khmer»: Nachdem Pol Pot die Ermordung von «Verrätern innerhalb der eigenen Reihen» angeordnet hatte, wurde er in seinem Hauptquartier Anglong Veng in einem Volksprozeß am 23. Juli 1997 zu lebenslangem Arrest verurteilt, während gleichzeitig die Regierung in Phnom Penh bei der UNO ein internationales Tribunal gegen ihn beantragte. Der schwerkranke ehemalige Führer der «Roten Khmer» starb jedoch am 15. April 1998. Unmittelbar danach brach die Regierung die Friedensgespräche mit den noch verbliebenen Gruppen der «Roten Khmer» ab.

Die Parlamentswahlen vom 26. Juli 1998 sollen nach dem Urteil internationaler Wahlbeobachter «glaubwürdig und fair» verlaufen sein. Als Sieger ging mit 64 der 122 Sitze die CPP hervor, zweite Kraft mit 43 Mandaten wurde die FUNCINPEC, während Sam Rainsys KNP 15 Mandate errang. Die Unterlegenen sprachen von Wahlbetrug, und im Vorfeld der Wahlen kam es auch offensichtlich zu Unregelmäßigkeiten, die aber nicht ausschließlich zu Lasten der CPP gingen. Am 13. November 1998 einigten sich jedoch CPP und FUNCINPEC auf die Bildung einer Koalitionsregierung, worauf diese nach der Zusicherung wirtschaftlicher und politischer Reformen von der Weltbank am 26. Februar 1999 die Zusage von Hilfszahlungen in Höhe von 450 Millionen US-$ erhielt. Zwei Monate später erfolgte dann die durch den Umsturz von 1997 verzögerte Aufnahme Kambodschas in die ASEAN-Gruppe. Zuvor hatten sich am 5. und 6. Dezember 1998 die letzten kämpfenden Einheiten der «Roten Khmer» der Regierung ergeben. Ende Dezember stellten sich Khieu Samphan und der frühere Chefideologe Nuon Chea den Behörden und kehrten nach ihrer Amnestierung im Januar 1999 wieder in ihre Hochburg Pailin zurück. Durch diese Begnadigungsakte wird aber die Verfolgung der begangenen Verbrechen durch einen internationalen Gerichtshof praktisch unmöglich gemacht. Einzige Ausnahme bildet möglicherweise der am 6. März 1999 an der thailändischen Grenze festgenommene Ta Mok (bekannt als «Der Schlächter»). Dennoch stimmte die Nationalversammlung im Jahre 2000 der Einrichtung eines unabhängigen Tribunals zu, das am 7. August 2001 auch die Zustimmung des Nationalrats und drei Tage später die König Sihanuks fand. Nach wie vor scheint es aber fraglich, ob es jemals zu Prozessen gegen die Verantwortlichen kommen wird. Aufgrund wirtschaftlicher Erfolge hat sich die Stellung Hun Sens gefestigt. Dennoch kam es vor den Kommunalwahlen im Februar 2002 wieder zu vereinzelten Übergriffen, die Wahlen selbst aber nahmen einen friedlichen Verlauf. Es hat gegenwärtig den Anschein, als würde das jahrzehntelang von Bürgerkrieg, Völkermord, Vertreibung und Hungersnöten geplagte Land einer Phase der Stabilität und des langsamen wirtschaftlichen Aufschwungs entgegensehen. Dazu trägt nicht zuletzt die Respektierung der Integrität Kambodschas durch die Nachbarn Vietnam und Thailand bei.

Anhang

Anmerkungen

1 Chandler. *A History of Cambodia*, S. 11.

2 Vickery, *Society, Economics*, S. 44–45.

3 Pelliot, «Le Fou-nan», S. 254.

4 Pelliot, «Le Fou-nan», S. 261–262.

5 Siehe Vickery, *Society, Economic*, S. 71 mit Verweis auf Claude Jacques.

6 Pelliot, «Le Fou-nan», S. 269.

7 Diese Übersetzung des Textes aus dem *Sui shu* verdanke ich Christian Schwermann, Sinologisches Seminar Bonn (nach der Ausgabe des *Sui shu*, Beijing: Zhonghua Shuju 1973, juan 82, S. 1837). Die bisherigen Übersetzungen folgten immer der der späteren Kompilation des Ma Duanlin (ca. 1250–1320) in der Übersetzung von d'Hervey de Saint-Denys, *Ethnographie des peuples étrangers*, II, S. 483, die leicht vom *Sui shu* abweicht: «... auf dessen Spitze ein Tempel errichtet wurde, der immer von tausend Soldaten bewacht und einem Geist namens Poduoli geweiht ist, dem Menschenopfer dargebracht werden. ...» Auch Vickery, *Society, Economics*, S. 80–81, folgte letzterer Übersetzung und argumentierte mit ihr, was aber nur aufgrund des beinahe identischen Textes der Ursprungsquelle gerechtfertigt werden kann.

8 Siehe Pelliot, «Deux itinéraires», S. 211.

9 Der in der Inschrift von Práḥ Thãt Kvăn Pir vom 6. Januar 717 genannte Puṣkara war selbst kein König und errichtete eine Statue des Puṣkarākṣa (Śiva), trug also nicht selbst diesen Namen.

10 Siehe dazu Golzio, «Die Gründung von Angkor», S. 133–154. Die Datierungsansätze von Dupont, «La dislocation du Tchen-la», S. 35 ff., für die Ahnen von Indravarman I. sind nicht haltbar, da sie dann ca. 100 Jahre hätten alt werden müssen.

11 Siehe Vers 172: *yasyopamānaṃ sañjātan na kiñcid guṇavistaraiḥ / vuddhvā vauddhaṃ mataṃ mene nyatīrthair api nānyathā //* «Nichts war aufgrund der Verbreitung seiner Qualitäten dem König vergleich-

bar, sogar die anderen Lehrer, die der buddhistischen Lehre folgen, denken nicht anders» (nach Bhattacharya, «Some Observations on the Sanskrit Epigraphy of Cambodia», S. 227–228).

12 In Vers VI wird der Wunsch ausgesprochen: «Durch das Verdienst dieses guten Werkes möge ich mit der Schönheit geboren werden, die die Herzen und Augen der Männer gefangennimmt.»

13 Das nächste genannte Datum ist Śaka 924, d.h. 1002/03.

14 Die Jahreszahl ist defektiv (Śaka 8xx), aber durch die Angaben «Sonntag, 2. Tag der dunklen Monatshälfte des Bhādrapada» kommen außer diesem Datum [Śaka 882] nur noch die Sonntage «5. September 947 [Śaka 869]» oder «25. August 967 [Śaka 889]» in Frage, wobei das erste vermutlich zu früh und das letzte zu spät in die Regierungszeit dieses Herrschers fällt.

15 *I. C.* VI, S. 294; beim Datum (Sonntag, 11. Tag der hellen Monatshälfte des Monats xxx des Śaka-Jahres 989) war der Monatsname nicht lesbar, doch kommen nur die beiden genannten Daten in Frage.

16 Gelegentlich gibt es Spekulationen über einen Nṛpativarman (III.), der in der Inschrift von Pràsàt Práḥ Khsèt (siehe oben) als Mitglied der königlichen Familie von Udayādityavarman II. und Harṣavarman III. genannt wird.

17 Siehe Aymonier, «Les inscriptions du Preah Peân», S. 506. Die insgesamt dort zwischen diesem Datum und 1747 angebrachten 30 Inschriften erhielten von Coedès die Nummer K. 302, doch wurden die meisten von ihnen (darunter allerdings nicht die vorliegende) inzwischen von Saveros Lewitz (Saveros Pou) als «Inscriptions modernes d'Angkor» (IMA) spezifiziert und bearbeitet. Die hier vorgefundene Angabe «Jahr des Schweins» trifft zwar für das Śaka-Jahr 1483 nicht zu, aber die Angabe des Wochentages (Samstag) spricht für dieses Jahr und nicht das «Schweinejahr» Śaka 1485.

18 Er war in der Khmer-Republik nochmals für vier Tage (18. bis 21. März 1972) Ministerpräsident, ging dann aber nach Südvietnam, wo er am 8. August 1977 starb.

19 So auch der Titel des 1979 veröffentlichten Buches von William Shawcross: *Sideshow – Kissinger, Nixon and the Destruction of Cambodia*, New York 1979 (ins Deutsche als *Schattenkrieg*, Frankfurt/M., Berlin 1980, übersetzt), das sich mit den verheerenden Folgen des Bombenkrieges auseinandersetzt.

20 Siehe dazu Edward S. Herman, «Pol Pot and Kissinger: On War Criminality and Impunity».

Zeittafel

3.–6. Jh.	Blüte der Handelsmacht «Funan» im Mekong-Delta und Golf von Thailand; Gesandten-austausch mit chinesischen Dynastien.
6.–8. Jh.	Existenz verschiedener Fürstentümer, hauptsächlich in Zentralkambodscha und am mittleren Mekong.
Ca. 616–637	König Īśānavarman I.
Ca. 657–681	König Jayavarman I.
713	Inschrift der Jayadevī, Tochter Jayavarmans I.
Ca. 770 – nach 800	Jayavarman II. kommt in die Angkor-Region und begründet dort eine neue Herrschaft, Keimzelle des Reiches von Angkor.
877/78–889/90	Indravarman I. dehnt seine Macht nach Südkambodscha und Südlaos aus. In seiner Hauptstadt Hariharālaya (bei Angkor) erbaut er die Tempel Práḥ Kô (880) und Bàkoṅ (881/82).
889/90–ca. 910	Yaśovarman I., Erbauer des Lolei-Tempels, verlegt die Hauptstadt nach Angkor (Yaśodharapura).
921–941/42	Jayavarman IV. residiert in Kóḥ Ker, wird 928 König des Gesamtreiches.
944/45–968	Rājendravarman II. macht Angkor wieder zur Hauptstadt und erbaut die Tempel des Östlichen Mébon und von Prè Rup.
968–1001	Jayavarman V., Erbauer des Tempels Īśvaraloka (Bantāy Srĕi).
1001/02–1049	Sūryavarman I. eint das Angkor-Reich und dehnt es bis an die Grenzen Burmas aus.
1049–1067	Udāyadityavarman II.: Inschrift von Sdŏk Kak Thoṃ(1053).
1112/13–vor 1155	Sūryavarman II. führt zahlreiche Kriege gegen Campā und Đai Viêt; er ist der Erbauer des berühmtesten kambodschanischen Monumentes, des Tempels von Aṅkor Văt (Viṣṇuloka).
Ca. 1155–1177	Zeit der Wirren und des Niedergangs.
1177	Truppen von Campā erobern Angkor.
1181–1220?	Jayavarman VII., Anhänger des Mahāyāna-

	Buddhismus, stellt die Großmachtstellung des Angkor-Reiches wieder her und besetzt Campā.
1243/44–1295	Jayavarman VIII.
1295–1307/08	Śrīndravarman; unter seine Herrschaft fällt die Gesandtschaft des Zhou Daguan, der einen Bericht über die Sitten und Gebräuche des Landes hinterlassen hat.
Ab 1327	Quellenlage wird unsicher.
Ca. 1362–vor 1377	König Nippăn Bat; in seine Herrschaft fällt 1369 die erste Besetzung Angkors durch die Siamesen.
15. Jh.	Verlegung der Hauptstadt von Angkor nach Phnom Penh, das in der Folgezeit diesen Rang mit Lovek und Udong teilt.
16. Jh.	Thronwirren erschüttern das Land. Erstes Auftreten spanischer und portugiesischer Missionare.
1594	Die Siamesen erobern Lovek.
1642–1658	Regierung des Rāmādhipati I., der sich zum Islam bekehrt und Ibrāhīm nennt. Kriegerische Auseinandersetzung mit den Holländern.
1674–1695	König Jayajeṭṭha III.; sein Rivale Aṅ Non I. wird von der Südvietnam beherrschenden Nguyên-Dynastie zum Vizekönig Südostkambodschas ernannt, sein Territorium nach seinem Tod annektiert.
1708	Das Gebiet westlich des Mekong bis zum Golf von Thailand unter vietnamesischer Kontrolle.
1747/48	Tod von König Dhammarāja IV. Von nun ab reißen die Thronstreitigkeiten unter starker Beteiligung Thailands und Vietnams nicht mehr ab.
1813–1835	Vietnamesisches Protektorat.
1835–1841	Annexion Kambodschas durch Vietnam.
1848–1860	König Aṅ Duoṅ, Vasall Thailands und Vietnams.
1863	Errichtung des französischen Protektorats unter König Norodoms I. (1860–1904).
1884	Reformen der Franzosen führen zum Aufstand.
1907	Rückgabe der Nordwestprovinzen durch Thailand.
1916	Großdemonstration gegen zu hohe Abgaben.
1936	Gründung der khmersprachigen Zeitschrift *Nagara Vatta*.
1941	Die Japaner besetzen Französisch-Indochina. Sihanuk wird König (bis 1955).

1945	Die Japaner rufen die Unabhängigkeit des Landes aus, kapitulieren aber im August.
1946	Gründung demokratischer Parteien.
1949–1953	Schrittweiser Weg in die Unabhängigkeit, Auftreten verschiedener Rebellengruppen.
1955–1970	Sihanuk führt als Staatschef mit seiner Saṅkumpartei ein autoritäres Regime.
1970	Sturz Sihanuks durch Premierminister Lon Nol.
1970–1975	Proamerikanische Khmer-Republik, die zunehmend in Bedrängnis durch Nordvietnamesen und «Rote Khmer» gerät; letztere haben sich mit dem gestürzten Prinzen Sihanuk verbündet.
1975	Machtübernahme der «Roten Khmer» unter Pol Pot und Errichtung eines beispiellosen Terrorregimes, durch das mindestens ein Achtel der Bevölkerung getötet wird.
1979–1989	Besetzung Kambodschas durch Vietnam; dagegen richtet sich eine Koalition von Guerillagruppen unter Federführung der «Roten Khmer», unterstützt von China und den USA.
1991–1993	UNO-Mandat bereitet Demokratisierung vor.
1993	Wiedereinführung der Demokratie; Sihanuk erneut König, aber auf repräsentative Aufgaben beschränkt. Bei den Wahlen zur Nationalversammlung unterliegt die CPP von Hun Sen knapp der FUNCINPEC unter Prinz Ranariddh. Dieser wird «Erster», Hun Sen «Zweiter» Ministerpräsident.
1996	Eine Gruppe der «Roten Khmer» unter Ieng Sary schließt Frieden mit der Regierung.
1997	Bewaffnete Auseinandersetzung zwischen den beiden Ministerpräsidenten, die Hun Sen für sich entscheidet, der Ranariddh vertreibt und Ung Huot zum «Ersten Premier» macht.
1998	Tod von Pol Pot. Die CPP erringt bei den Wahlen zur Nationalversammlung einen knappen Sieg. Hun Sen bildet eine Koalitionsregierung mit der FUNCINPEC.
1998/99	Die übriggebliebenen «Roten Khmer» gehen gegen Zusicherung einer Amnestie ins Regierungslager über.

1999	Aufnahme Kambodschas in die ASEAN-Gruppe. In den Folgejahren erlebt das Land einen wirtschaftlichen Aufstieg.
2002	Bei den Kommunalwahlen erringt die CCP einen überwältigenden Sieg.

Herrscherliste

I. Könige von Funan

Anm.: Die Historizität der Herrscher in [..] ist zweifelhaft.

[2. Jh. n. Chr.	**Huntian (Kauṇḍinya I.)**]
Beginn des 3. Jh. n. Chr.	**Hunpanhuang**
3. Jh. n. Chr.	**Panpan**
3. Jh. n. Chr.	**Fan Shiman** (**Śrī Māra**?)
ca. 230?	**Fan Jingsheng**
ca. 230–243 o. später	**Fan Zhan**
Nach 243	**Fan Chang**
245/50–287 o. später	**Fan Xun**
Um 357	**Zhantan**
[Um 420	**Jiao Zhenru (Kauṇḍinya II.)**]
um 430 – um 440	**Shilituobamo (Śrī Indravarman)**
Um 480–514	**Sheyebamo (Jayavarman)** (gest. 514)
514	**Guṇavarman**?
514–ca. 545?	**Rudravarman Liutebamo** (+ ca. 545?)

II. Könige des 6.–8. Jhs.

Ein König in Champassak (Südlaos)

5./6. Jh.?	**Devānīka**

Eigentliches Kambodscha

[6. Jh.	**Śrutavarman**]
[6. Jh.	**Śreṣṭhavarman**]
6. Jh.	**Vīravarman**
6./7. Jh.	**Bhavavarman I.**
Anf. 7. Jh.	**Mahendravarman** (**Citrasena**)
616?–637+	**Īśānavarman I.**
Um 644	**Bhavavarman II.**
Um 650	**Candravarman**
Um 657–681+	**Jayavarman I.**
Ende 7. Jh.–nach 713	**Jayadevī**

Die chinesischen Tang-Annalen erwähnen eine Teilung des Reiches in ein *Zhenla des Wassers* und ein *Zhenla des Landes* nach dem 6. Februar 707 n. Chr. (dem Ende der *shenlong*-Periode), aber offensichtlich existierten mehr als nur zwei Staaten.

A) NÖRDLICHES KAMBODSCHA

Von den Chinesen als Zhenla des Landes, auch Wendan oder Polou bezeichnet, umfaßt es das südliche Laos und nordöstliche Kambodscha und das östliche Thailand. Es war mit Sicherheit kein einheitliches Reich, sondern bestand aus mehreren Staaten. Namentlich sind nur wenige seiner Herrscher bekannt, aber es gibt mehrere Berichte über Gesandtschaften an den chinesischen Hof.

7. Jh.?	**Harṣavarman**
Um 771	**Pomi**
8. Jh.	**Jayasiṃhavarman**
	Könige von Canāśa (Korat-Plateau)
9. Jh.	**Bhagadatta**
9. Jh.	**Sundaraparākrama**
9./10. Jh.	**Sundaravarman**
10. Jh.	**Narapatisiṃhavarman**
Um 937	**Maṅgalavarman**

B) SÜDLICHES KAMBODSCHA

Von den Chinesen als Zhenla des Wassers bezeichnet, das aber keinesfalls aus einem einheitlichen Staat bestand. Am bekanntesten sind ein südlicher Staat namens Aninditapura mit der Hauptstadt Bālādityapura (chines. Boluotiba) und das von ihm abgespaltete Śambhupura im nördlichen Teil.

1. *Aninditapura*

Anf. 8. Jh.	**Bālāditya**
8. Jh. ?	**Nṛpāditya**
8. Jh.	**Jayendrādhipativarman**

2. *Śambhupura bis um 800*

[Ende 7./Anf. 8. Jh.	**Nṛpatīndravarman I.**]
[8. Jh.	**Puṣkarākṣa**]
8. Jh.	**Nṛpatendradevī**

8. Jh.	**Jayendra-bhā**
Um 803	**Jyeṣṭhāryā**

3. Bhavapura

Anf. 10. Jh.	**Mahendravarman**

Lokaler Herrscher der Angkor-Region:

Ende 8. Jh.	**Nṛpatīndravarman II.**

4. Der Südosten und der Übergang zu Angkor

Vor 770 – nach 800	**Jayavarman II. (p.: Parameśvara)**
9. Jh.	**Jayavarman III. (p.: Viṣṇuloka)**
9. Jh.	**Rudravarman**
8.–877/78	**Pṛthivīndravarman**

Herrscher von Śambhupura des 9. Jhs.

9. Jh.	**Rājendravarman I.**
9. Jh.	**Mahīpativarman**

III. Das Reich von Angkor

877/78–889/90	**Indravarman I. (p.: Īśvaraloka)**
889/90 – etwa 910	**Yaśovarman I. (p.: Paramaśivaloka)**
Etwa 910 – um 922	**Harṣavarman I. (p.: Rudraloka)**
Um 925/26–928/29	**Īśānavarman II. (p.: Paramarudraloka)**
921 oder früher – 941/42	**Jayavarman IV. (p.: Parameśvarapada)**
941/42–944/45	**Harṣavarman II. (p.: Brahmaloka)**
944/45–968	**Rājendravarman II. (p.: Śivaloka)**
März/Mai 968–1001	**Jayavarman V. (p.: Paramavīraloka)**
1001/02	**Udayādityavarman I.**
1002/03–1009/10	**Jayavīravarman**
1001/02–Febr. 1049	**Sūryavarman I. (p.: Nirvāṇapada)**
24. Febr. 1049–1067?	**Udayādityavarman II.**
1066–1080/81 o. später	**Harṣavarman III. (p.: Sadāśivapada)**
Ende 11. Jh.–1113?	**Nṛpatīndravarman (III.)?**
1080/81–1107	**Jayavarman VI. (p.: Paramakaivalyapada)**
1107–1112/13	**Dharaṇīndravarman I. (p.: Paramaniṣkalapada)**
1112/13–vor 1155?	**Sūryavarman II. (p.: Paramaviṣṇuloka)**

Vor 1155–etwa 1160	**Dharaṇīndravarman II.** (p.: **Mahāparamanirvāṇapāda**)
Etwa 1160–um 1165	**Yaśovarman II.**
Um 1165–14. 6. 1177	**Tribhuvanāditya**
1177–1181 BESETZUNG DURCH CAMPĀ	
1181–um o. nach 1220	**Jayavarman VII.** (p.: **Mahāparamasaugata**)
Um o. nach 1220–1243/44	**Indravarman II.**
1243/44–1295	**Jayavarman VIII.** (p.: **Parameśvarapada**)
1295–1307/08	**Śrīndravarman**
1307/08–1327	**Indrajayavarman**
1327–13??	**Jayavarmaparameśvara (Jayavarman IX.)**

IV. Könige nach den Chroniken und anderen Quellen

Ca. 1362–vor 1377	**Nippăn Bat (Nirvāṇapada)**
Vor 1377?–1383 o. später	**Gămkhăt**
1383?–1389 o. später	**Dhammāsokarājādhirāja (Dhammarāja I.)**
1389?–1404/05	**Bāñā Yāt (Sūryavarman III.)**
1404/05–1419 o. sp.	**Nrāyaṇarāja**
1419?–1444?	**Śrī Rāja**
1444–1486	**Dhammarāja II.**
1486–1512	**Śrī Sugandha Baña Tāṃkhattiya**
19. 12. 1512–1525	**Kan**
10. 3. 1530–1567	**Candarāja (Aṅ Căn)**
22. 5. 1568–9. 7. 1579	**Paramarājā II.**
10. 7. 1579–1594	**Mahindarājā (Cei Cethàdhirāc, Sāṭṭhā I.)**
1594–Mai. 1596	**Rām Mahāpabitṛ (Rām Joeṅ Brai)**
1597–1599	**Paramarājā III. (Cau Bañā Tan)**
3. 5. 1599–13. 1. 1601	**Paramarājā IV. (Cau Bañā An)**
14. 1. 1601–Febr. 1601	**Kaev Hvā I. (Cau Bañā Ñom)**
17. 2. 1603–26. 2. 1619	**Paramarājā V. (Srī Suriyobarn)**
26. 2. 1619–4. 12. 1625	**Jāyajeṭṭha II.**
6. 5. 1626–9. 11. 1627	**Udairājā I. (Paramarāja VI.)**
13. 11. 1627–1635	**Dhammarājā III. (Cau Bañā Tū)**
1635–1640	**Aṅ Daṅ Rājā (Cau Bañā Nū)**
1640–Jan. 1642	**Padumarājā I. (Aṅ Non I.)**
Jan. 1642–1658	**Rāmādhipati I. (Cau Bañā Cand) (Ibrāhīm)**
1658–6. 1. 1672	**Paramarājā VI. (Aṅ Sūr)**

12. 1.–20. 6. 1672	**Padumarājā II. (Srī Jayajeṭṭha)**
4. 7. 1672–Nov./Dez. 1675	**Kaev Hvā II. (Aṅ Jī)**
1673–19. 4. 1674	**Aṅ Tan'**
14. 7.–Dez. 1674	**Aṅ Non I.** (1674–1691 Vizekönig der Nguyên in Südostkambodscha)
28. 12. 1674–1695	**Aṅ Sūr (Jayajeṭṭha III.)** (1.)
1695–1696	**Noreay (Udairāja II.)**
1696–1699	**Aṅ Sūr** (2.)
1699–1701	**Aṅ Im**
1701–1702	**Aṅ Sūr** (3.)
1702–1704	**Dhammarājā IV.**
1704–1706	**Aṅ Sūr** (4.)
1706–1710	**Dhammarājā IV.** (2.)
1710–1722	**Aṅ Im** (2.)
1722–1729	**Sāṭṭhā II.**
1729	**Aṅ Im** (3.)
1729–1736	**Sāṭṭhā II.** (2.)
1736–1748	**Dhammarājā IV.** (3.)
1748	**Dhammarāja V.**
1748–1749	**Aṅ Toṅ (Rāmādhipati II.)**
1749	**Sāṭṭhā II.** (2.)
1749–1755	**Aṅ Sṅuon (Jayjeṭṭhā IV.)**
1755–1757	**Aṅ Toṅ** (2.)
1758–1775	**Udairāja III. (Aṅ Tân)**
1775–1779	**Aṅ Non II. (Rāmādhipati III.)**
Ende 1779–1783	**Aṅ Eṅ**

1783–1794 Herrschaft von Gouverneuren:

Pro-Tây-so'n:

1783–1787	**Tèn**

Pro-Thai:

1783–1794	**Bèn**

28. 5. 1794–28. 11. 1796	**Aṅ Eṅ** (2.)
28. 11. 1796–13. 7. 1806	**Pok** [Regent]
26. 7. 1806–Jan. 1811	**Aṅ Chan (Udairāja IV.)**
1811–1813 Regenten:	**Aṅ Im**
	Aṅ Sṅuon
April 1812–13. 5. 1813	Thai-Besetzung
13. 5. 1813–7. 1. 1835	**Aṅ Chan** (2.)

Unter vietnamesischer Oberhoheit (1835–1841/45):

4.3.1835–Juni 1840	**Aṅ Mei** (f.)
Juni 1840–1844	Formelle Annexion durch Vietnam, doch ab 1841 Einmarsch der Thai, die dann große Teile des Landes besetzen (14.12.1843: Proklamation von **Aṅ Duoṅ**).
1844–1845	**Aṅ Mei** (2.)
14.12.1843–19.10.1860	**Aṅ Duoṅ** (gekrönt 7.3.1848)
19.10.1860–24.4.1904	**Norodom (Narottam) I.**

V. Französisches Protektorat (11.8.1863–9.11.1953)

Könige:

19.10.1860–24.4.1904	**Norodom I.**
24.4.1904–9.8.1927	**Sisovath**
9.8.1927–24.4.1941	**Munivaṅs**
24.4.1941–3.3.1955	**Norodom (Narottam) II. Sīhanuk**

Französische Residenten (1885–1889 Résidents Généraux, 1889–1945 Résidents Supérieurs, 1945–1953 Commissaires):

11.8.1863–Juli 1866	Ernest Marc Louis de Gonzague **Doudart de Lagrée**
Juli 1866–20.2.1868	Armand **Pottier**
20.2.1868–10.3.1870	Jean **Moura**
10.3.–11.11.1870	Armand **Pottier** (2.)
11.11.1870–1.1.1871	Jules Marcel **Brossard de Corbigny**
1.1.1871–6.1.1879	Jean **Moura** (2.)
6.1.1879–10.5.1881	Étienne François **Aymonier**
10.5.1881–12.8.1885	Julien Auguste **Fourès**
12.8.–16.10.1885	Jules Victor **Renaud**
16.10.1885–17.5.1886	Pierre de **Badens**
17.5.1886–4.11.1887	George Jules **Piquet**
4.11.1887–10.3.1889	Louis Eugène Palasme de **Champeaux**
10.3.–16.5.1889	**Orsini**
16.5.1889–24.1.1894	Albert Louis **Huyn de Vernéville**
24.1.–4.8.1894	Félix Léonce **Marquant**
4.8.1894–14.5.1897	Albert Louis **Huyn de Vernéville** (2.)
14.5.1897–16.1.1900	Alexandre Antoine Étienne Gustave **Ducos**
16.1.1900–3.6.1901	Louis-Paul **Luce**
3.6.1901–17.7.1902	Léon-Jules-Pol **Boulloche**

17.7.–26.10.1902	Charles **Pellier**
26.10.1902–25.9.1904	Henri Félix de **Lamothe**
25.9.1904–16.10.1905	Jules Louis **Morel**
16.10.–29.12.1905	Olivier Charles Arthur de **Lalande-Calan**
29.12.1905–26.7.1911	Louis-Paul **Luce** (2.)
26.7.1911–26.3.1914	Antoine Georges Amédée Ernest **Outrey**
26.3.–25.7.1914	Xavier **Tessarech**
25.7.–22.10.1914	Maurice **Le Gallen**
22.10.1914–20.1.1927	François Marius **Baudoin**
10.4.1922–8.5.1924	Victor Édouard Marie **L'Helgoualc'h**
20.1.1927–1.1.1929	Aristide Eugène **Le Fol**
1.–12.1.1929	Achille Louis Auguste **Silvestre**
12.1.1929–4.3.1932	Fernand Marie Joseph Antoine **Lavit**
4.3.1932–15.1.1935	Achille Louis Auguste **Silvestre** (2.)
15.1.1935–12.12.1936	Henri Louis Marie **Richomme**
12.12.1936–29.12.1941	Léon Emmanuel **Thibaudeau**
29.12.1941–2.3.1943	Jean de **Lens**
2.3.1943–Nov. 1944	Georges Armand Léon **Gauthier**
Nov. 1944–9.3.1945	André Joseph **Berjoan**
9.3.–Aug. 1945	«Unabhängigkeit» unter japanischem Protektorat
Aug.–15.10.1945	André Joseph **Berjoan** (2.)
15.10.1945–10.4.1946	**Huard**
10.4.1946–20.5.1947	Romain Victor **Pénavaire**
20.5.1947–20.10.1948	Léon Marie Adolphe Pascal **Pignon**
20.10.1948–26.2.1949	Lucien Vincent **Loubet**
26.2.1949–29.10.1951	Jean Léon François Marie de **Raymond**
29.10.1951–16.5.1952	Yves Jean **Digo**
16.5.1952–9.11.1953	Jean **Risterucci**

VI. Kambodscha als unabhängiger Staat seit 1953

Staatsoberhäupter:

9.11.1953–3.3.1955	**Norodom II. Sihanuk**
3.3.1955–3.4.1960	**Norodom III. Suramarit**
3.4.1960–18.3.1970	**Sisovath Kossamak** (f.)

Staatschefs:

20.4.1960–18.3.1970	**Norodom Sihanuk**
18.3.1970–13.3.1972	**Cheng** Heng

13.3.1972–1.4.1975	**Lon Nol**
1.–12.4.1975	**Saukham Khoy**
13.–17.4.1975	**Sak Sutsakham**
17.4.1975–4.4.1976	**Norodom Sihanuk** (2.)
12.4.1976–8.1.1979	**Khieu Samphan**
8.1.1979–20.11.1991	**Heng Samrin**
20.11.1991–	**Norodom II. Sihanuk** (3.)

Regierungschefs:

18.3.–13.8.1945	**Norodom Sihanuk**
14.8.–16.10.1945	**Son Ngoc Thanh**
17.10.1945–15.12.1946	Sisovath **Monireth**
15.12.1946–25.7.1947	Sisovath **Youtevong**
25.7.1947–20.2.1948	Sisovath **Vachhayavong**
20.2.–14.8.1948	**Chhean Vam**
Sept. 1948–21.1.1949	Samdech **Penn Nouth**
12.2.–19.9.1949	**Yem Sambaur**
20.–28.9.1949	**Jeu Koeus**
Sept. 1949–3.5.1950	**Yem Sambaur** (2.)
3.–31.5.1950	**Norodom Sihanuk** (2.)
1.6.1950–3.3.1951	Krom Luong Sisovath **Monivong**
3.3.–12.10.1951	**Oum Chheangsun**
13.10.1951–16.6.1952	**Huy Kanthoul**
16.6.1952–24.1.1953	**Norodom Sihanuk** (3.)
24.1.–22.11.1953	Samdech **Penn Nouth** (2.)
23.11.1953–7.4.1954	**Chan Nak**
7.–17.4.1954	**Norodom Sihanuk** (4.)
18.4.1954–26.1.1955	Samdech **Penn Nouth** (3.)
26.1.–30.9.1955	**Leng Ngeth**
3.10.1955–5.1.1956	**Norodom Sihanuk** (5.)
5.1.–29.2.1956	**Oum Chhenagsun** (2.)
1.–24.3.1956	**Norodom Sihanuk** (6.)
3.4.–29.7.1956	**Khim Yit**
15.9.–15.10.1956	**Norodom Sihanuk** (7.)
25.10.1956–9.4.1957	**Sam Yun**
9.4.–7.7.1957	**Norodom Sihanuk** (8.)
26.7.1957–8.1.1958	**Sim Var**
11.–16.1.1958	**Ek Yi Oun**
21.1.–10.4.1958	Samdech **Penn Nouth** (4.)
29.4.–22.6.1958	**Sim Var** (2.)
12.7.1958–19.4.1960	**Norodom Sihanuk** (9.)

19.4.1960–20.1.1961	**Pho Phroeung**
20.1.–Nov. 1961	Samdech **Penn Nouth** (5.)
17.11.1961–Aug. 1962	**Norodom Sihanuk** (10.)
13.2.–Aug. 1962	[act.:] **Khieu Tioulong**
6.8.–Okt. 1962	Chau **Sen Cocsal Chhum**
6.10.1962–25.10.1966	**Norodom Kanthoul**
25.10.1966–30.4.1967	**Lon Nol**
1.5.1967–31.1.1968	**Son Sann**
31.1.1968–14.8.1969	Samdech **Penn Nouth** (6.)
14.8.1969–6.5.1971	**Lon Nol** (2.)
6.5.1971–18.3.1972	Sisovath **Sirik Matak**
18.–21.3.1972	**Son Ngoc Thanh** (2.)
21.3.–15.10.1972	**Lon Nol** (3.)
15.10.1972–6.5.1973	**Hang Thun Hak**
6.5.–9.12.1973	**In Tam**
26.12.1973–17.4.1975	**Long Boreth**
17.4.1975–13.5.1976	**Khieu Samphan**
13.5.–28.9.1976	**Pol Pot (Saloth Sar)**
28.9.1976–Sept. 1977	**Nuon Chea** (**Long** Bunruot)
Sept. 1977–8.1.1979	**Pol Pot** (2.)
8.1.1979–27.6.1981	**Heng Samrin**
27.6.–Dez. 1981	**Penn Sovan**
7.1.1982–28.12.1984	**Chan Si**
14.1.1985–24.6.1993	**Hun Sen**
24.6.1993–6.7.1997	**Norodom Ranariddh** [Erster Premier]
24.6.1993–24.9.1998	**Hun Sen** [Zweiter Premier]
6.8.1997–24.9.1998	**Ung Huot** [Erster Premier]
24.9.1998–	**Hun Sen**

Liste der zitierten Inschriften

(bei den Nummern steht C. für eine Inschrift aus Campā, K. für eine aus Kambodscha)

Vorbemerkung: Anhand der Nummern kann bei Coedès, *I. C.*, Band 8, festgestellt werden, wo die K.-Inschriften, bei Schweyer, «Chronologie des inscriptions publiées du Campā. Études d'épigraphie cam I», BEFEO LXXXVI (1999), S. 321–352, wo die C.-Inschriften publiziert sind. Zu den IMA-Inschriften siehe Lewitz (Pou).

Datum	*Ort*	*Nummer*
3. Jh. ?	Vò-cảnh	C. 40
5. Jh. ?	Văt Luong Kău	K. 365
Anfang 6. Jh.	Tháp Mu'ò'i	K. 5
6. Jh.	Văt Bàti	K. 40
6. Jh.	Nā̆k Tà Daṃbaṅ Dèk	K. 875
Anf. 7. Jh.	Robaṅ Romās	K. 151
Anf. 7. Jh.	Vāl Kantél	K. 359
Anf. 7. Jh.	Čăn Năk'ôn	K. 363
Anf. 7. Jh.	Pak Mun	K. 496; K. 497
Anf. 7. Jh.	Phnoṃ Bàyaṅ	K. 13
22. 1. 612	Aṅkor Bórĕi	K. 557
13. 9. 627	Īśānapura (Sambór Prei Kŭk)	K. 604
7. 5. 637	Khău Nôy	K. 506
5. 1. 644	Tà Kèv	K. 79
Mitte 7. Jh.	Khău Nôy	K. 1150
10. 2. 656	Pràsàt Práḥ Tāt	K. 109
14. 6. 657	Tûol Kôk Práḥ	K. 493
14. 6. 657	Bàsêt	K. 447
2. Hälfte 7. Jh.	Văt Săbăp	K. 502
25. 12. 664	Văt Prei Văl	K. 49
9. 4. 667	Kdĕi Aṅ	K. 53
10. 10. 674	Práḥ Kŭha Lûoṅ	K. 44
29. 5. 676	Văt Bàrày	K. 140
7. Jh. und 868	Bô Ika	K. 400
31. 5. 680?	Pràsàt Prei Thnāl	K. 451
681/82	Tûol Aṅ Tnot	K. 561
7./8. Jh.	Saṃbór	K. 133
20. 1. 691?	Tûol Kŭhā	K. 1004

19.5.692	Anlŭṅ Prăṅ	K. 132
Anf. 8. Jh.	Văt Khnàt	K. 259
Anf. 8. Jh.	Tăn Kraṅ	K. 726
5.4.713	Westlicher Bàrày	K. 904
6.1.717	Práḥ Thãt Kvăn Pir	K. 121
8. Jh.	U T'ông	K. 964
8. Jh.	Phu Khiao Kău	K. 404
8. Jh.	Phnom Ba The	K. 3
8. Jh.	Khău Răng	K. 505
8. Jh.	Pràsàt Ampĭl Rolŭ'm	K. 163
20.4.770	Práḥ Thảt Práḥ Srĕi	K. 103
781/82	Lobŏ'k Srót	K. 134
791	Siem Răp	K. 244
803/04	Văt Tasar Moroy	K. 124
25.1.880	Práḥ Kô	K. 713
881/82	Bàkoṅ	K. 826
Nach 880	Phnoṃ Bàyaṅ	K. 14
878/87	Pràsàt Kandòl Dò'm	K. 809
886/87	Ampho' Fa Jat	K. 495
893	Lolei	K. 323; 324
Nach 893	Thnăl Bàrày	K. 279
912/13	Práḥ Vihãr Kŭk	K. 61
921/22	Chok Gargyar (Kòḥ Ker)	K. 682
10.12.921	Chok Gargyar	K. 184
7.6.922	Tûol Pĕi	K. 164
928–941	Ampĭl Rolŭ'm	K. 162
Nach 928	Pràsàt Nãṅ Khmau	K. 35
23.2.948	Bàksĕi Čăṃkrŏṅ	K. 286
31.8.949	Pràsàt Anloṅ Čàr	K. 950
28.1.953	Östlicher Mébŏn	K. 528
12.6.960	Bàt Čŭṃ	K. 266
961/62	Prè Rup	K. 806
22.4.967	Īśvarapura (Bantãy Srĕi)	K. 869
5.6.968	Īśvarapura (Bantãy Srĕi)	K. 842
9.9.968	Tûol Kul	K. 861
Nach 968	Văt Sithor	K. 111
21.12.974	Kŏṃpoṅ Thoṃ	K. 444
10.11.981	Phnoṃ Bantãy Nãṅ	K. 214
23.1.983	Praḥ Ĕinkòsĕi	K. 263
9.12.987	Phum Mîen	K. 105
15.11.994	Pràsàt Čàr	K. 257

1001/02	Pràsàt Tnòt Čŭṃ	K. 143
13.2.1002	Kóḥ Ker	K. 682
7.1.1005	Pràsàt Dambòk Kpŏs	K. 196
5.9.1009	Bantãy Prãv	K. 221
19.7.1042	Bàsĕit	K. 206
9.2.1043	Bàsĕit	K. 207
1.12.1045/20.3.1047	Pràsàt Kantŏp	K. 354
8.2.1053	Sdŏk Kăk Thoṃ	K. 235
16.2.1067	Práḥ Ṅôk	K. 289
23.2.1067	Sab Bāk	
1106/07	Phnoṃ Dà	K. 830
1110/11	Phnoṃ Sandak	K. 191
1112	Vimāya (Phimai)	K. 397
14.0.28.7.1119	Phnoṃ Sandak	K. 194
1129/30	Trapăn Dón Ón	K. 254
17.10.1145	Văt Slà Kèt	K. 200
19.2.1155?	Phnoṃ Bàyàṅ	K. 850
1186/87	Tà Prohm	K. 273
1186/87	Sai Fong	K. 368
1191/92	Práḥ Khăn	K. 908
Anf. 14.Jh.	Maṅgalārtha (Aṅkor Thoṃ)	K. 488
Anf. 14.Jh.	Maṅgalārtha (Aṅkor Thoṃ)	K. 567
Anf. 14.Jh.	Aṅkor Văt	K. 300
1304/05	Īśvarapura (Bantãy Srĕi)	K. 569
22.12.1308	Kôk Svày	K. 754
Sept. 1327	Bàyon	K. 470
13.6.1561	Práḥ Pãn	K. 302
11.3.1574	Văt Bàti	K. 39
29.6.1577	Pākāṇ	IMA2
12.6.1583	Phnoṃ Bàkhèṅ	K. 465
21.10.1586	Práḥ Thom	K. 715
11.5.1590	Văt Roṃlŏk	K. 27
20.2.1628	Aṅkor Văt	IMA10
23.2.1702	Aṅkor Văt	IMA38
14.12.1747	Aṅkor Văt	IMA39

Bibliographie

Abkürzungen

ASEMI – Asie du sud-est monde insulindien
BEFEO – Bulletin de l'École Française d'Extrême-Orient
BKI – *Bijdragen tot de Taal-, Land- en Volkenkunde van Nederlandsch-Indië, uitg. d. het Koninklijk Instituut*
BSEI – *Bulletin de la Société des Études Indochinoises de Saigon*
BSOAS – *Bulletin of the School of Oriental and African Studies*
C. – Campā-Inschriften
CHSEA – *The Cambridge History of Southeast Asia*
ÉC – Études Cambodgiennes
ESEA – *Early South East Asia*
I. C. – *Inscriptions du Cambodge*
I. S. C. C. – *Inscriptions sanscr̥ites de Campā et du Cambodge*
JA – *Journal Asiatique*
JAS – *Journal of Asian Studies*
JESHO – *Journal of Economic and Social History of the Orient*
JGIS – *Journal of the Greater India Society*
JSEAS – *Journal of Southeast Asian Studies*
JSS – *Journal of the Siam Society*
K. – Kambodschanische Inschriften
KITLV – Koninklijk Instituut voor Taal-, Land- en Volkenkunde
MKS – Mon-Khmer Studies
ZDMG – *Zeitschrift der Deutschen Morgenländischen Gesellschaft*

ARP, Susmita: *Kālapānī: Zum Streit über die Zulässigkeit von Seereisen im kolonialzeitlichen Indien*. Stuttgart: Franz Steiner Verlag 2000 (Alt- und Neu-Indische Studien: 52).

AYMONIER, Étienne: «Quelques notions sur les inscriptions en vieux khmèr», [1:] JA, Sér. 8, T. 1 (1883), S. 441–505; [2:] JA, Sér. 8, T. 2 (1883), S. 199–228.

AYMONIER, Étienne: «Première étude sur les inscriptions tchames», JA, Sér. 8, T. 17 (1891), S. 5–86.

AYMONIER, Étienne: «Les inscriptions du Preah Peân (Angkor Vat)», JA, Sér. 9, T. 14 (1899), S. 493–529.

BACKUS, Charles: *The Nan-chao kingdom and T'ang China's southwestern frontier*. Cambridge, London [u. a.]: Cambridge Univ. Pr.

1981 (Cambridge Studies in Chinese History, Literature and Institutions).

BARRETT JONES, Antoinette M.: *Early Tenth Century Java from the Inscriptions*, Dordrecht and Cinnaminson, N.J.: Foris Publications 1984 (Verhandelingen van het KITLV: 107).

BARTH, A[uguste]: «Inscription sanskrite du Phou Lokhon (Laos)», in: *Album Kern*; opstellen geschreven ter eere van H[endrik] Kern, Leiden 1903, S. 37–40.

BECHERT, Heinz: *Buddhismus, Staat und Gesellschaft in den Ländern des Theravāda-Buddhismus*. Band II: Birma, Kambodscha, Laos, Thailand. Wiesbaden: Otto Harrassowitz 1967 (Schriften des Instituts für Asienkunde. Bd. XVII/2); Neuausgabe Göttingen: Seminar für Indologie und Buddhismuskunde 2000.

BERGAIGNE, Abel: «Les inscriptions sanscrites du Cambodge», JA (1882), S. 139–194.

BHATTACHARYA, Kamaleswar: «Some Aspects of Temple Administration in the Ancient Khmer Kingdom», *Calcutta Review, 3rd Series* 134 (1955), S. 193–199.

BHATTACHARYA, Kamaleswar: *Les religions brahmaniques dans l'ancien Cambodge d'après l'épigraphie et l'iconographie*. Paris: EFEO 1961.

BHATTACHARYA, Kamaleswar: «Note sur le Vedānta dans l'inscription de Prè Rup», JA 261 (1971), S. 99–101.

BHATTACHARYA, Kamaleswar: *Recherches sur le vocabulaire des inscriptions sanskrites du Cambodge*. Paris: EFEO 1991.

BHATTACHARYA, Kamaleswar: «Some Observations on the Sanskrit Epigraphy of Cambodia», *Corolla Torontonensia, Studies in honour of Ronald Morton Smith*, Toronto 1994, S. 225–228.

BHATTACHARYA, Kamaleswar: «The Religions of Ancient Cambodia», in: JESSUP/ZEPHIR (Hrsg.), *Sculpture of Angkor and Ancient Cambodia*, 1997, S. 33–52.

BHATTACHARYA, Kamaleswar: «Religious Syncretism in Ancient Cambodia», in: *Dharmadūta. Mélanges offerts au Vénérable Thích Huyên-Vi à l'occasion de son soixante-dixième anniversaire*, Paris: Éditions You-Feng 1997, S. 1–12.

BOISSELIER, Jean: *La Statuaire khmère et son evolution*. Vol. I.II. Saigon: Publ. de l'EFEO 1955.

BOISSELIER, Jean: *Le Cambodge*. Manuel d'Archéologie d'Extrême-Orient, Premiere Partie, Asie du Sud-Est, Vol. 1. Paris: Éditions A. et J. Picard et Cie 1966.

BOISSELIER, Jean: «La royauté khmère dans la seconde moitié du XIIe

siècle: Les prédécesseurs de Jayavarman VII.», in: *Indologica Taurinensia*, Vol. 14 (1987–88), S. 117–143.
BRIGGS, Lawrence Palmer: «Spanish Intervention in Cambodia 1593–1603», *T'oung Pao* 39 (1950), S. 132–160.
BRIGGS, Laurence Palmer: *Ancient Khmer Empire*, Philadelphia: American Philosophical Society 1951 (Transactions of the American Philosophical Society, New Ser. 41,1).
The Cambridge History of Southeast Asia. Ed. by Nicholas Tarling. Vol. 1.2. Cambridge: Cambridge Univ. Pr. 1992.
CHANDLER, David P[orter]: «An Eighteenth Century Inscription from Angkor Wat», JSS 59 (1971), S. 151–159; Nachdr. in: ders., *Facing the Cambodian Past: Selected Essays 1971–1994*, S. 15–24.
CHANDLER, David P[orter]: «An anti-Vietnamese rebellion in early nineteenth-century Cambodia», JSEAS 6 (1975), S. 16–24; Nachdr. in ders., *Facing the Cambodian Past: Selected Essays 1971–1994*, S. 61–75.
CHANDLER, David P[orter]: «The assassination of Résident Bardez (1925)»: A premonition of revolt in colonial Cambodia», JSS 70 (1982); Nachdr. in ders., *Facing the Cambodian Past: Selected Essays 1971–1994*, S. 139–158.
CHANDLER, David P[orter]: *Brother Number One. A political Biography of Pol Pot*, Boulder, Col.: Westview Press 1992.
CHANDLER, David [Porter]: *A History of Cambodia*. 2nd. ed. updated, Boulder, Col.: Westview Press 1996.
CHANDLER, David [Porter]: *Facing the Cambodian Past: Selected Essays 1971–1994*, Chiang Mai: Silkworm Books 1996.
CHATTERJEE, Bijan Raj: *Indian Cultural Influence in Cambodia*, Calcutta: Univ. of Calcutta 1928.
CHRISTIE, A. H.: «Lin-i, Fu-nan, Java», ESEA (1979), S. 281–287.
Chroniques royales du Cambodge. 1–3. Paris: EFEO 1981–88. **1**: Trad. franç. avec comparaison des différentes versions par MAK Phoeun (1984). **2**: (de Bañā Yāt à la prise de Laṅvaek; de 1417 à 1595). Trad. franç. avec comparaison des différentes versions par KHIN Sok (1988). **3**: (de 1594 à 1677). Par MAK Phoeun (1981).
COEDÈS, George: «La stèle de Ta-Prohm», BEFEO VI (1906), S. 44–81.
COEDÈS, George: «Les inscriptions de Bàt Čuṃ (Cambodge)», JA, 10. Série, T. 12 (1908), S. 213–254.
COEDÈS, George: «ÉC V: Une inscription d'Udayādityavarman I.», BEFEO XI (1911), S. 400–405.
COEDÈS, George: «Les deux inscriptions de Vat Thĭpdĕi, Province de Siem Răp», in: *Mélanges d'Indianisme offerts par ses élèves à Sylvain Lévi*, Paris 1911, S. 213–229.

COEDÈS, George: «ÉC XI: La stèle de Pàlhàl», BEFEO XIII (1913), S. 27–36.
COEDÈS, George: «ÉC XVII: L'épigraphie du temple de Phimai», BEFEO XXIV (1924), S. 345–358.
COEDÈS, George: «ÉC XVIII: L'extense du Cambodge vers le sud-ouest au VIIe siècle (nouvelles inscriptions de Chantaboun)», BEFEO XXIV (1924), S. 352–358.
COEDÈS, George: *Recueil des inscriptions du Siam.* Vol. 1–3, Bangkok 1924–1965.
COEDÈS, George: «ÉC XIX: La date du Bàyon», BEFEO XXVIII (1928), S. 81–112.
COEDÈS, George: «ÉC XX: Les capitales de Jayavarman II», BEFEO XXVIII (1928), S. 113–123.
COEDÈS, George: «ÉC XXIV: Nouvelles données chronologiques et généalogiques sur la dynastie de Mahīdharapura», BEFEO XXIX (1929), S. 297–330.
COEDÈS, George: «ÉC XXV: Deux inscriptions sanskrites du Fou-nan», BEFEO XXXI (1931), S. 1–12.
COEDÈS, George: «ÉC XXVI: La date de Kòḥ Ker», BEFEO XXXI (1931), S. 12–18.
COEDÈS, George: «ÉC XXX: A la recherche du Yaçodharāçrama», BEFEO XXXII (1932), S. 84–112.
COEDÈS, George: «ÉC XXXI: A propos du Tchen-la d'Eau: trois inscriptions de Cochinchine», BEFEO XXXVI (1936), S. 1–13.
COEDÈS, George: «ÉC XXXII: La plus ancienne inscription en pâli du Cambodge», BEFEO XXXVI (1936), S. 14–21.
COEDÈS, George: «A new inscription from Fu-Nan», JGIS IV (1937), S. 117–121.
COEDÈS, George: «La stèle du Práḥ Khăn d'Aṅkor», BEFEO XLI (1942), S. 255–301.
COEDÈS, George: «Un document capital sur le bouddhisme en Indochine: le stèle de Văt Sithor», in: *Studies on Buddhism in Japan*, Vol. 4 (1942), S. 110ff.
COEDÈS, George: «ÉC XXXVIII: Nouvelles précisions sur les dates d'avènement de quelques rois des dynasties angkoriennes», BEFEO XLIII (1943), S. 11–16.
COEDÈS, George: «Une nouvelle inscription d'Ayuthya», *Journal of the Thailand Research Society* XXXV (1944), S. 73.
COEDÈS, George: «ÉC XL: Nouvelles données sur les origines du royaume khmèr: La stèle de Văt Luong Kău près de Văt Ph'u», BEFEO XLVIII (1954), S. 209–220.

COEDÈS, George: «Nouvelles données épigraphiques sur l'histoire de l'Indochine centrale», JA 246 (1958), S. 125–142.
COEDÈS, George: *Les États hindouisés d'Indochine et d'Indonésie.* Nouvelle éd. rev. et mise à jour, Paris: de Boccard 1964 [Réimpr. de la 2e éd., Paris: de Boccard 1989].
COEDÈS, George: *The Making of South-East Asia.* Transl. by H.M. WRIGHT, London: Routledge & Kegan Paul 1966.
COEDÈS, George: «Le véritable fondateur du culte de la royauté divine au Cambodia», in: *R[amesh] C[handra] Majumdar Felicitation Volume*, ed. by Himansu Busan SARKAR, Calcutta: K.L. Mukhopadhyay 1970, S. 56–62.
COEDÈS, George / DUPONT, Pierre: «Les inscriptions du Pràsàt Kôk Pô», BEFEO XXXVII (1937), S. 379–413.
COEDÈS, George / DUPONT, Pierre: «Les stèles de Sdŏk Kăk Thoṃ, Phnoṃ Sandak et Práḥ Vihăr», BEFEO XLIII (1943), S. 56–154.
Corpus des inscriptions du pays khmer. Par Claude JACQUES. T. 1. New Delhi: Sharada Rani 1985 (Śata Piṭaka Series).
DUMARÇAY, Jacques: «Notes d'architecture khmère», BEFEO LXXIX (1992), S. 133–171.
DUPONT, Pierre: «Vishṇu mitrés de l'Indochine occidentale», BEFEO XLI (1941), S. 233–254.
DUPONT, Pierre: «Le Buddha de Grahi et l'école de C'aiya (Variétés Archéologiques, II)», BEFEO XLII (1942), S. 105–113.
DUPONT, Pierre: «La dislocation du Tchen-la et la formation du Cambodge angkorien (VIIe–IXe siècle)», BEFEO XLIII (1941–43), S. 17–55.
DUPONT, Pierre: «Les premières images brahmaniques d'Indochine», BSEI, Nouv. Sér. XXVI (1951), S. 131–140.
EADE, J(ohn) C(hristopher): *The calendrical systems of Mainland South-East Asia*, Leiden, New York, Köln: E.J.Brill 1995 (Handbuch der Orientalistik. 3. Abt., Bd. 9).
Early South East Asia: Essays in Archaeology, History, and Historical Geography. Ed. by R[alph] B[ernard] SMITH and W[illiam] WATSON, New York, Kuala Lumpur: Oxford Univ. Pr. 1979.
FILLIOZAT, Jean: «Le symbolisme du monument du Phnoṃ Băkhèṅ», BEFEO XLIV (1954), S. 527–554.
FILLIOZAT, Jean: «Sur le Çivaisme et le Bouddhisme du Cambodge: à propos de deux livres récents», BEFEO LXX (1981), S. 59–99.
FINOT, Louis: «Notes d'épigraphie II: L'inscription sanskrite de Say-Fong», BEFEO III (1903), S. 18–33.

FINOT, Louis: «Notes d'épigraphie V: Pāṇḍuraṅga», BEFEO III (1903), S. 630–648.
FINOT, Louis: «Notes d'épigraphie VIII: Inscription de Praḥ Thāt Kvan Pir», BEFEO IV (1904), S. 675–676.
FINOT, Louis: «Notes d'épigraphie XI: Les inscriptions de Mi-so'n», BEFEO IV (1904), S. 897–977.
FINOT, Louis: «Notes d'épigraphie XI: L'inscription de Ban Th'at», BEFEO XII, 2 (1912), S. 1–28.
FINOT, Louis: «Notes d'épigraphie XV: Les inscriptions de Jaya Parameçvara I, roi du Champa», BEFEO XV, 2 (1915), S. 39–52.
FINOT, Louis: «Les inscriptions d'Aṅkor», BEFEO XXV (1925), S. 327–406.
FINOT, Louis: «Nouvelles inscriptions du Cambodge», BEFEO XXVIII (1928), S. 44ff.
FINOT, Louis/GOLOUBEW, Victor: «Le symbolisme de Năk Pãn», BEFEO XXIII (1923), S. 401–405.
FINOT, Louis/PARMENTIER, Henri/GOLOUBEW, Victor: *Le temple d'Īçvarapura*, Paris 1926 (Mémoires archéologiques I).
FRASCH, Tilman: *Pagan – Stadt und Staat*, Stuttgart: Franz Steiner Verlag 1996 (Beiträge zur Südasienforschung. Bd. 172).
GARNIER, Francis: «Chronique royale du Cambodge», JA, Sér. 6, T. 18 (1871), S. 336–385, und T. 20 (1872), S. 112–144.
GASPARDONE, Émile: «Un chinois des mers du sud, le fondateur de Hà-tiên», JA 240 (1952), S. 363–385.
GOLZIO, Karl-Heinz: «Die Gründung von Angkor im 9. Jh. Kritik bisheriger Datierungsversuche und Genealogien», ZDMG 152 (2002), S. 133–154.
GOLZIO, Karl-Heinz: «Zur Verifizierung komplexer und defektiver Datumsangaben in der kambodschanischen Epigraphik», in: *Orientierungen* 1/2002, S. 87–98.
GROSLIER, Bernard-Philippe: *Angkor et le Cambodge au XVIe siècle d'après les sources portugaises et espagnoles*, Paris: Presses Universitaires de France 1958.
HALL, Kenneth R[andall]: «Khmer commercial development and foreign contacts under Sūryavarman I», JESHO 18 (1975), S. 318–336.
HALL, Kenneth R[andall], «Eleventh-century commercial developments in Angkor and Champa», JSEAS X (1979), S. 420–434.
HALL, Kenneth R[andall]: «Economic History of Early Southeast Asia», in: CHSEA I 1992, S. 183–275.
HERMAN, Edward S.: «Pol Pot and Kissinger: On War Criminality

and Impunity», http://zena.secureforum.com/Znez/zmag/articles/hermansept97.htm
HOSHINO, Tatsuo: *Pour une histoire médiévale du moyen Mékong*, Bakong: Éditions Duang Kamol 1986.
Inscriptions of Burma: Collotype plates of the inscriptions, with introduction and notes by U PE MAUNG TIN and Gordon H[annington] LUCE. Portfolios IV. Oxford: Oxford Univ. Pr. 1956 (= University of Rangoon Oriental Studies Publication No. 5).
Inscriptions du Cambodge. Éditées et traduites par G[eorge] COEDÈS. Vol. I–VIII, Hanoi, Paris: Impr. Extrême-Orient; de Boccard [usw.] 1937–1966 (Collection de Textes et Documents sur l'Indochine: III).
Inscriptions sanscrites de Campā et du Cambodge. [Éd. et trad.] par Abel BERGAIGNE et A[uguste] BARTH, Paris: Klincksieck 1885–93.
JACOB, Judith M[argaret]: «Pre-Angkor Cambodia: Evidence from the Inscriptions in Khmer concerning the Common People and Their Environment», ESEA (1979), S. 406–426.
JACQUES, Claude: «Études d'épigraphie cambodgienne VI: Sur les données chronologiques de la stèle de Tûol Ta Pec (K. 834)», BEFEO LVIII (1971), S. 163–176.
JACQUES, Claude: «Études d'épigraphie cambodgienne VIII: La carrière de Jayavarman II», BEFEO LIX (1972), S. 205–220.
JACQUES, Claude: «‹Funan›, ‹Zhenla›. The Reality Concealed by These Chinese Views of Indochina», ESEA (1979), S. 371–379.
JACQUES, Claude: «Nouvelles orientations pour l'étude de l'histoire du pays khmer», ASEMI XIII (1982), S. 39–57.
JACQUES, Claude: «The Kamrateṅ Jagat in ancient Cambodia», in: *Indus Valley to Mekong Delta. Explorations in Epigraphy*. Ed. by Noboru KARASHIMA, Madras: New Era Publications 1985, S. 269–286.
JACQUES, Claude: «Le pays khmer avant Angkor», *Journal des savants* (1986), S. 59–95.
JACQUES, Claude: «On Jayavarman II, the Founder of the Khmer Empire», *Southeast Asian Archaeology* 3, 1990 (1992), S. 1–5.
JACQUES, Claude: «New Notes on the VII–VIIIth Centuries in the Khmer Land», *Southeast Asian Archaeology 1986* (1990), S. 251–259.
JACQUES, Claude: *Angkor – Cities and Temples*. Transl. Tom WHITE. Photographs: Michael FREEMAN, London: Thames & Hudson 1997.
JACQUES, Claude: «Études d'épigraphie cambodgienne XI: Les inscriptions du Phnoṃ Kbal Spãn (K. 1011, 1012, 1015 et 1016)», BEFEO LXXXVI (1999) S. 357–374.
JESSUP, Helen Ibbetson/ZEPHIR, Thierry (Hrsg.): *Sculpture of Angkor*

and Ancient Cambodia: Millenium of Glory, Washington: Thames & Hudson 1997.
KHIN Sok: «L'inscription de Práḥ Thom du Kulên K 715», BEFEO LXVII (1980), S. 133–134.
KHIN Sok: «Inscriptions tardives du Phnoṃ Bàkhèṅ K 465 et K 285», BEFEO LXVII (1980), S. 271–280.
KHIN Sok: «L'inscription de Vatta Romlok K 27», BEFEO LXXI (1982), S. 125–131.
KHIN Sok: *Le Cambodge entre le Siam et le Vietnam (de 1775 à 1860)*, Paris: EFEO 1991.
KIELHORN, Franz: «Die Sonnen- und Mondfinsternisse in den Daten indischer Handschriften», *Göttinger Nachrichten* 1896, S. 59–75.
KIERNAN, Ben: *How Pol Pot came to Power. A History of Communism in Kampuchea, 1930–1975*, London: Verso 1985.
KLEINE, Christoph: «‹Wie zwei Flügel eines Vogels›. Eine diachrone Betrachtung des Verhältnisses zwischen Staat und Buddhismus in der japanischen Geschichte», in: *Zwischen Säkularismus und Hierokratie. Studien zum Verhältnis von Religion und Staat in Süd- und Ostasien.* Peter Schalk, editor-in-chief, Uppsala 2001, S. 169–207.
KULKE, Hermann: «Der Devarāja-Kult. Legitimation und Herrscherapotheose im Angkor-Reich», *Saeculum* 25 (1974), S. 24–55.
KULKE, Hermann: «The early and the imperial kingdom in southeast Asian History», in: David G[eorge] MARR und A[nthony] C[rothers] MILNER (Hrsg.), *Southeast Asia in the 9th to 14th Centuries*, Canberra, Singapore: Institute of Southeast Asian Studies 1986, S. 1–22.
LAMANT, Pierre L.: «La date de la mort du roi khmer Ang Duong», BEFEO 64 (1977), S. 217–223.
LÊ Thành Khôi: *3000 Jahre Vietnam. Schicksale und Kultur eines Landes.* Bearbeitet und ergänzt von Otto KAROW, München: Kindler 1969.
LEWITZ, Saveros: siehe auch POU, Saveros
LEWITZ, Saveros: «Inscriptions modernes d'Angkor 2 et 3», BEFEO LVII (1970), S. 99–126.
LEWITZ, Saveros: «Inscriptions modernes d'Angkor 10, 11, 12, 13, 14, 15, 16a, 16b et 16c», BEFEO LIX (1972), S. 221–249.
LOBO, Wibke: «The Figure of Hevajra and Tantric Buddhism», in: JESSUP/ZEPHIR (Hrsg.), *Sculpture of Angkor and Ancient Cambodia: Millenium of Glory*, 1997, S. 71–78.
MA Duanlin: *Ethnographie des peuples étrangers à la Chine.* Ouvrage composé au XIIIe siècle de notre ère par Ma Touan-lin. Trad ... par le marquis [Léon] d'Hervey de Saint-Denys. Vol. I.II. Genève: H. Georg [usw.] 1876–1883.

MABBETT, Ian W[illiam]: «The ‹Indianization› of Southeast Asia: Reflections on the historical sources», JSEAS 8 (1977), S. 1–14.
MABBETT, I[an] W[illiam]: «*Varṇas* in Angkor and the Indian Caste System», JAS 36 (1977), S. 429–442.
MABBETT, Ian [William]/Chandler, David [Porter]: *The Khmers*, Oxford, Cambridge/Mass.: Blackwell Publishers 1995.
MAJUMDAR, R[amesh] C[handra]: *Champa. History and Culture of an Indian Colonial Kingdom in the Far East, 2nd–16th Century A.D.* Delhi: Gian Publishers 1985 (Nachdr. von: *Ancient Indian Colonies in the Far East*, Lahore: The Punjab Sanskrit Book Depot 1927).
MAJUMDAR, R[amesh] C[handra]: «The Date of Accession of Jayavarman II», JGIS X (1943), S. 42–55.
MALLERET, Louis: *L'archéologie du Delta du Mekong*, Vol. I–III, Paris: Publ. de l'EFEO 1959–63.
MANNIKKA, Eleanor: *Angkor Wat: time, space, and kingship*, Honolulu: Univ. of Hawaii Press 1996.
MASPERO, Georges: «La géographie politique de l'Indochine aux environs de 960 A.D.», *Études Asiatiques* 2 (1925), S. 79–125.
MASPERO, Georges: *Le Royaume du Champa*, Paris, Bruxelles: G. van Oest 1928.
MASPERO, Henri: «Études d'histoire d'Annam: La frontière de l'Annam et du Cambodge du VIIIe au XIVe siècle», BEFEO XVIII, 3 (1918), S. 29–36.
MESTIER DU BOURG, Hubert de: «La première moitié du XIe siècle au Cambodge: Sūryavarman Ier, sa vie et quelques aspects des institutions à son époque», JA 258 (1970), S. 281–314.
MOURER, Roland: «Laang Spean and the Prehistory of Cambodia», *Modern Quarterly Research in Southeast Asia* 3 (1977), S. 29–56.
PACHOW, W[ang]: «Voyage of Buddhist Missions to South-East Asia and the Far East», JGIS XVII (1958), S. 1–22.
PARMENTIER, H[enri]: «Les bas-reliefs de Banteai-Chmar», BEFEO X (1910), S. 205–222.
PAUL, Diana Y[oshikawa]: *Philosophy of Mind in sixth-century China.* Paramārtha's ‹Evolution of Consciousness›, Stanford, Cal.: Stanford Univ. Pr. 1984.
PELLIOT, Paul: «Le Bhaiṣajyaguru», BEFEO III (1903), S. 33–37.
PELLIOT, Paul: «Le Fou-nan», BEFEO III (1903), S. 248–303.
PELLIOT, Paul: «Deux itinéraires de Chine en Inde à la fin du VIIIe siècle», BEFEO IV (1904), S. 131–413.
POU, Saveros: «Inscriptions modernes d'Angkor 35, 36, 37 et 39», BEFEO LXI (1974), S. 301–338.

POU, Saveros: «Inscriptions modernes d'Angkor 34 et 38», BEFEO LXII (1975), S. 283–353.
POU, Saveros: «Inscriptions khmeres K. 39 et K. 27», BEFEO LXX (1981), S. 121–133.
POU, Saveros: «Ancient Cambodia's epigraphy: a socio-linguistic look», in: *Southeast Asian Archaeology 1996*, S. 123–134.
PRAPANDVIDYA, Chirapat: «The Sab Bāk Inscription: Evidence of an Early Vajrayana Buddhist Presence in Thailand», JSS 78 (1990), S. 11–14.
REDDI, V. M.: *A History of the Cambodian Independence Movement 1863–1955*, Tirupati: Sri Venkateswara University 1972.
RICKLEFS, M[erle] C[alvin]: «Land and the Law in the Epigraphy of Tenth-Century Cambodia», JAS 26 (1967), S. 411–420.
SALOMON, Richard: «Indian Tīrthas in Southeast Asia», in: *The History of Sacred Places in India as reflected in traditional literature. Papers on pilgrimage in South Asia.* Ed. by Hans BAKKER. Panels of the VIIIth World Sanskrit Conference, Leiden, August 23–29, 1987, Vol. 3, Leiden [u. a.]: Brill 1990, S. 160–176.
SAN ANTONIO, Gabriel Quiroga de: *Brève et véridique relation des évènements du Cambodge*, par Gabriel Quiroga de San Antonio. Avec une traduction et des notes par Antoine CABATON, Paris: E. Leroux 1914.
SARKIYANZ, Manuel: «Die Religionen Kambodschas, Birmas, Laos, Thailands und Malayas», in: *Die Religionen Südostasiens*. Von Andras HÖFER [u. a.], Stuttgart, Berlin, Köln, Mainz: Kohlhammer 1975 (Die Religionen der Menschheit. Bd. 23), S. 384–560.
SCHWEYER, Anne-Valérie: «Chronologie des inscriptions publiées du Campā. Études d'épigraphie cam I», BEFEO LXXXVI (1999), S. 321–352.
SEIDENFADEN, Erik: «Complément à l'inventaire descriptif des monuments du Cambodge pour les quatre provinces du Siam Oriental», BEFEO XXII (1922), S. 55–99.
SHAWCROSS, William: *Sideshow – Kissinger, Nixon and the Destruction of Cambodia*, New York: Simon & Schuster 1979 (deutsch: *Schattenkrieg – Kissinger, Nixon und die Zerstörung Kambodschas*. Ins Deutsche übertr. von Irmela Arnsperger und Erwin Duncker, Frankfurt/M., Berlin: Verlag Ullstein 1980).
SIHANUK, Norodom: *Indochina von Peking aus gesehen*. Gespräche mit Jean Lacouture. Ins Deutsche übertragen von Brigitte Weitbrecht, Stuttgart: Deutsche Verlags-Anstalt 1972.
Southeast Asian Archaeology 1996. Proceedings of the 6th Internatio-

nal Conference on the European Association of Southeast Asian Archaeologists, Leiden, 2–6 September 1996; ed. by Marijke J[acomina] KLOKKE and Thomas de BRUIJN, Hull:University of Hull 1998.

STEIN, R[olf] A[lfred]: «Le Lin-Yi, sa localisation, sa contribution à la formation du Champa et ses liens avec la Chine», *Han-Hiue Bulletin du Centre d'Études Sinologiques de Pékin* 2 (1947), S. 1–335.

STENCEL, Robert/GIFFORD, Fred/MORÓN, Eleanor: «Astronomy at An- gkor Wat. Measurements of the temple are related to practical astronomy and religious symbolism», *Science* 193, Number 4250, S. 281–287.

THOMPSON, Ashley: «The ancestral cult in transition: reflections on spatial organization in Cambodia's early Theravāda complex», *Southeast Asian Archaeology* 1996, S. 273–295.

TULLY, John: *Cambodia under the Tricolour: King Sisowath and the ‹Mission Civilisatrice›: 1904–1927*, Clayton/Victoria: Monash University 1996 (Monash Papers on Southeast Asia No. 37).

VICKERY, Michael: «The Khmer inscriptions of Tenasserim: a reinterpretation», JSS 61 (1973), S. 51–70.

VICKERY, Michael: «The Reign of Sūryavarman I and Royal Factionalism at Angkor», JSEAS 16 (1985), S. 226–244.

VICKERY, Michael: «Some Remarks on Early State Formation in Cambodia», in: *Southeast Asia in the 9th to 14th Centuries*, ed. by David G[eorge] MARR and A[nthony] C[rothers] MILNER, Canberra, Singapore 1986, S. 95–117.

VICKERY, Michael: *Society, Economics, and Politics in Pre-Angkor Cambodia: The 7th–8th Centuries*, Tokyo: The Centre for East Asian Cultural Studies for Unesco, The Toyo Bunko 1998.

VOGEL, J[ean] Ph[ilippe]: «The Yūpa inscriptions of King Mūlavarman from Koetei (East Borneo)», BKI 74 (1918), S. 169–232.

WHEATLEY, Paul: *The Golden Khersonese*. Studies in the historical geography of the Malay Pensinsula before A.D. 1500, Kuala Lumpur: University of Malaya Press 1961.

WHEATLEY, Paul: *Nāgara and Commandery: Origins of the Southeast Asian Urban Traditions*, Chicago: University of Chicago 1983 (Departement of Geography; Research Papers, nos. 207–208).

WILKINSON, Endymion Porter: *Chinese History. A Manual*, Rev. and enl. Cambridge (Mass.) & London: Harvard Univ. Pr. 2000 (Harvard-Yenching Institute Monograph Series: 52).

WOLTERS, O[liver] W[illiam]: «The Khmer King at Basan (1371–3) and the restoration of the Cambodian chronology during the Fourteenth and Fifteenth Centuries», *Asia Maior* 12 (1966), S. 44–90.

WOLTERS, O[liver] W[illiam]: «North-western Cambodia in the seventh century», BSOAS 37 (1974), S. 355–384.

YANG Baoyun: *Xia Nai. Zhenla Fengtuji Jiaozhu*, Beijing: Zhonghua shuju 1983.

ZHAO Rugua: *Chau Ju-kua: His work on the Chinese and Arab Trade in the twelfth and thirteenth centuries, entitled Chu-fan-chï*. Transl. from the Chinese and annotated by Friedrich HIRTH and W[illiam] W[oodville] ROCKHILL, St. Petersburg: Imperial Academy of Sciences 1911.

ZHOU Daguan: *Notes on the customs of Cambodia*. By CHOU Ta-kuan. Transl. from the French of Paul PELLIOT by J. Gilman D'Arcy PAUL, Bangkok: Social Science Association Press 1967.

Register